MetaVeiw PhotoTherapy Workbook
메타뷰 사진치료 워크북

사진으로 대화할까요?

사진으로 대화할까요?
MetaView PhotoTherapy Workbook

ⓒ 2024, 김문희

펴낸날. 1판1쇄 2024년 12월 9일
지은이. 김문희
펴낸이. 김문희
펴낸곳. 빛그림 심리상담센터
출판신고. 제2024-000168호(2024년 7월24일)
주소. 서울특별시 마포구 양화로 133, 1712호
전화. 02-337-2253
이메일. mlight24@gmail.com
홈페이지. www.bitgrimpsy.co.kr
디자인. 도서출판카논 김동현

이 책은 저작권법에 따라 보호를 받은 저작물이므로 무단 전재와 복제를 금하며,
이 책 내용의 일부 또는 전부를 이용하려면 반드시 저작권자와 빛그림 심리상담센터의 동의를 받아야 합니다.

가격 25,000원
ISBN 979-11-989494-0-0 93180

MetaView Photo Cards | MetaView Exploring Cards

사진으로 대화할까요?
MetaView PhotoTherapy Workbook

김문희 지음

빛그림 심리상담센터

들어가는 글

"사진으로 자신의 마음을 알아간다."

색을 고르고 종이 위에 선을 그리면서 펼쳐지는 그림은 솔직합니다. 손이 가는 대로 만들어지는 예술 활동은 깊은 무의식과 자연스럽게 만날 기회를 주곤 합니다. 마음에 아픔이 있을 때는 깊은 위로와 자기 성찰의 기회를 얻기도 합니다. 자발적인 예술의 표현은 어둠에서 벗어나 저절로 자신의 길을 찾아가도록 돕습니다.

사진도 이것이 가능할까요? 사진은 세상을 기록하고 추억을 기억하며 정보를 전달하는 대중적인 예술 매체입니다. 사진이 다른 예술 활동처럼 치유 역할을 어떻게 하는지 궁금해졌습니다. 사진치료를 공부하면서 사진에서 제 마음을 보았던 기억이 떠올랐습니다. 우연히 찍은 사진이어도, 남들이 알아채지 못해도 내 마음은 선명하게, 그 순간에 무의식과 어우러져 나를 말해주고 있다는 사실을 말이죠. 내 눈길을 사로잡은 어떤 사진, 그리고 순간적으로 시선이 끌려 멈춰서 보게 되는 사진에는 비밀스러운 나만의 숨은 이야기가 있었습니다.

사진은 우리의 마음을 거울처럼 보여준다고 말합니다. 처음에는 그 모습을 명확히 이해하기 어렵지만, 사진에 집중하는 순간, 마음 깊은 곳에서 무언가 나를 봐달라고 말하는 듯한 움직임을 느끼게 됩니다. 사진치료는 바로 이 순간부터 시작됩니다. 무의식은 신호를 보내어 우리 자신의 내면을 보게 합니다. 불현듯 떠오르는 생각과 감정이 나를 알게 합니다. 나만의 이야기와 해석이 나오는 것이죠. 그래서 사진은 내면의 초상화라고 말하고, 사진에는 고유한 이야기와 비밀, 기억과 감정이 담겨 있다고 말합니다.

사진을 보면서 마음을 표현하는 것을 '사진에 투사하는 마음'이라고 합니다. 투사는 주관적인 반응으로, 객관적이지 않으며 때로는 무의식적인 반응의 표현이기도 합니다. 만약 사진에 마음을 어떻게 투사하는지를 이해한다면, 주관적인 반응에서 벗어나 더욱 현실을 직시하고 수용하게 됩니다. 이것은 과거의 기억이나 상처에서 벗어나는 경험, 즉 탈동일시의 인식 변화를 가져옵니다. 이러한 과정은 외부 대상을 자신과 동일시하지 않고 있는 그대로 바라보는 성숙한 사고를 의미합니다. 결국, 치유적인 의식의 성장이 일어나는 과정입니다.

"사진으로 대화할까요?" 이렇게 가볍게 말을 건네는 느낌으로 이 책을 마음 탐색에 활용하시길 권합니다. 저는 미술치료사이며 사진 심리상담자, 그리고 명상하는 자아 초월 상담가입니다. 이 책에 사진에 관한 삶의 이해와 태도를 담으려 했습니다. 이 워크북은 사진과 내면의 대화를 나누며 마음을 자각하고, 어둠과 고정관념에서 벗어나 진정한 나로 살아가는 또 다른 방편을 제시하려 합니다. 의식의 통합적(Integral)인 사진치료의 개입 방안으로 기존의 심리치료의 접근에 더 포괄적이고 유연한 치료를 제공하는 것입니다.

이 책의 PART I에서는 사진치료의 이해와 정의를 안내하며 PART II에서는 사진 치유의 기제와 사진 카드와 탐색 카드의 구성을 소개합니다. PART III에서는 상담자와 자가 치유자를 위한 접근 방법과 상담 모형, 자가 치유일지를 제공합니다. PART IV에서는 사진 카드와 탐색 카드를 활용하는 아이스 브레이커 12개 활동과 48개의 주요 활동을 제시합니다. 이 책에서 안내하는 다양한 활동은 투사적 사진치료의 효과를 아동부터 성인, 노인에 이르기까지 경험할 수 있도록 도와줄 것입니다.

'사진으로 대화할까요' MetaVeiw 사진치료 워크북은 대중적으로 사용할 수 있는 사진 카드와 탐색 카드로 손쉽게 대화를 나누도록 해 줍니다. 사진으로 대화하면서, 감정 표현과 함께 '인식하지 못했던 무의식의 나', '억압된 나', 그리고 '잠재력을 가진 나'를 발견하여 온전한 나를 만나는 과정이 됩니다. 현실을 인식하고 바른 세상을 보는 과정은 허상과 관념에서 벗어나 내면의 빛을 밝히는 데 도움을 줄 것입니다.

'MetaView 사진 카드'는 심리적으로 투사가 쉽게 일어나는 은유와 상징성을 담은 사진 모음으로 필자가 직접 촬영한 것입니다. 내담자와의 임상 경험 및 동료 상담자와의 연구를 기반으로 카드 내용을 구성하였습니다. 독자의 요구와 필요에 맞춰 사진을 선택할 수 있도록, 투사 I은 '인물과 동물' 사진, 투사 II는 '사물과 풍경' 사진, 투사 III은 '감정'을 촉진하고 표현하는 사진, 투사 IV는 정체성을 상징하는 나무 사진으로 준비하였습니다. 또한 사진치료의 입문을 돕고 일반적으로 두루 적용할 수 있는 MetaView 사진 카드 '기본형'은 MetaView 사진 카드 4가지 중에서 발췌한 사진 모음입니다.

'MetaView 탐색 카드'는 투사적인 사진치료 기법을 돕기 위한 보조 도구입니다. 탐색 카드의 제시문은 사진치료를 어떻게 전개해 나가는지 도움을 주며, 탐색 카드의 질문은 내면의 핵심에 다가가게 도와줄 것입니다. 이 카드는 대표적인 치유 기제인 '자각, 감정, 강점, 신념, 관계, 기억, 무의식, 통합'의 8가지 주제로 구성되며, 내면을 촉진하는 '단서'용 질문을 제시합니다. 사진으로 대화하는 과정에서 탐색 카드를 활용한 상담자의 적절한 질문은 내면 자각과 표현을 돕고, 자신을 알아가는 성찰과 통찰에 중요한 역할을 할 것입니다. 상담 목적과 필요에 따라 주제와 질문을 적절히, 때로는 즉흥적이고 창조적으로 사용할 것을 제안합니다.

이 책은 심리 상담과 심리 치료, 교육 분야에서 사진을 활용하는 전문가와 자가 치유와 성장을 원하는 일반인을 위한 워크북입니다. 사진으로 대화할수록 사진이 말해주는 정보와 내담자가 스스로 알아차리는 자각이 얼마나 강력하고 진실한 메시지인지를 알게 될 것입니다. 사진을 치유의 도구로 사용하고자 하는 여러분에게 미력하나마 도움이 되길 바랍니다.

워크북과 사진 카드, 그리고 탐색 키드를 만들기 위해 많은 양의 사진을 함께 고르면서 아낌없는 조언과 영감을 준 심리상담자와 사진치료 전문가 여러분, 그리고 임상 체험을 함께한 내담자 여러분의 적극적인 협조에 감사드립니다. 무엇보다 이 책의 시작과 끝을 함께하고 응원해준 가족과 친구, 지인 여러분의 사랑에 감사합니다. 또한, 이 모든 내용을 멋지게 편집 디자인해 주신 김동현 디자이너에게 깊은 감사의 말씀을 전합니다.

더욱 빛나는 모두의 현재와 미래를 기원하며,
두 손 모읍니다.

김문희

목차
Contents

PART I   사진치료   PhotoTherapy

01. 사진치료란?   16
02. 사진치료의 대표 기법   18
03. 사진치료에서의 사진의 역할   22

PART II   메타뷰 사진 카드와 탐색 카드   MetaView Photo Cards & Exploring Cards

01. MetaView의 의미   28
02. MetaView 사진 카드란?   36
03. MetaView 탐색 카드란?   42
04. 누가 사용하나요?   46

PART III   어떻게 사용하나요?   How to Use It?

01. MetaView 사진 카드 사용법   52
02. MetaView 탐색 카드 사용법   56
03. 상담자를 위한 사용법   62
04. 자가 치유자를 위한 사용법   88

PART IV   메타뷰 사진치료 활동   MetaView PhotoTherapy Activities

01. Icebreakers   108
02. 여덟가지 주제에 따른 활동   134

     자각 - Awareness   136
     감정 - Emotion   150
     강점 - Talents   164
     신념 - Vision   178
     관계 - With My Surroundings   192
     기억 - Memory   206
     무의식 - Exploring Unconsciousness   220
     통합 - Integration   234

참고문헌   248

사진치료
PhotoTherapy

PART I

01. 사진치료란?   16
02. 사진치료의 대표 기법   18
03. 사진치료에서의 사진의 역할   22

사진으로 대화할까요?
MetaView PhotoTherapy Workbook

#MetaView Photo Cards
#MetaView Exploring Cards

1. 사진치료 | PhotoTherapy

01. 사진치료란?

1) 사진(photography)의 어원은 그리스어의 빛(phos)과 그리다(graphos)'의 합성어이다.

사진[1]은 '빛이 그리는 그림'으로 알려져 있습니다. 빛에 반응하는 물질을 이용해 세상의 모든 사물을 담아내는 사진은 회화에만 의존하던 시대에서는 매우 매혹적인 신 발명품이었습니다. 눈으로 보는 모든 것을 순간적으로 고정하여 기록하는 사진은 영혼을 담는 매체로까지 인식될 만큼 강력하게 사회적인 주목을 받았었습니다. 이후 사진에 대한 이해가 시대를 거듭하면서 발전하였고, 사진에 반응하는 인간 내면에 관한 이해도 깊어갔습니다. 사진은 사물의 객관적인 재현성, 그로 인한 진실성, 그리고 의사소통의 전달성을 주요한 특징으로 여깁니다. 그러나 사진은 과학적인 기록성에서 점차 인간의 정신적인 마음을 반영하고 표현하는 심리적이면서 철학적이며 인지적인 내면 탐색의 도구로까지 확장되었습니다.

2) 주디 와이저(Judy Weiser)는 캐나다의 미술치료사이면서 사진치료의 선구자다. 대표적인 저서로 『사진치료의 기법들: 개인적인 스냅사진과 가족 앨범의 비밀 탐구』가 있다.

사진치료 PhotoTherapy는 1975년에 주디 와이저 Judy Weiser[2]가 처음 제안한 용어로, '사진'과 '치료'를 동등하게 강조하는 예술적인 심리치료입니다. 사진치료는 사진과 심리치료가 결합한 의미입니다. 사진치료의 개척자 더글라스 스튜어트 Douglas Stewart는 사진치료란 "심리치료 전문가가 내담자의 심리적인 문제를 완화하고 심리적 성장과 치료상의 변화를 이루어내기 위해 사진 촬영, 현상, 인화 등의 사진 창작활동을 활용하는 것"이라고 합니다. 언어로 상담을 하던 심리치료 분야에서 사진의 창작적인 활동을 내담자에게 적용하여 심리치료의 효과를 본다는 의미입니다.

데이비드 크라우스 David Krauss는 "사진치료는 사진의 이미지와 창작 과정을 조직적으로 응용해 내담자의 생각과 행동의 긍정적 변화를 추구하는 것 1983"이라고 정의합니다. 심리치료에서 가장 중요하게 생각하는 긍정적인 변화를 사진을 통해 추구하는 것을 강조합니다. 반면에 주디 와이저 1999는 사진치료는 심리치료의 구성요소 또는 내담자와의 치료의 실제로서 사진이나 사진술을 이용하는 것이라고 말합니다. 그는 특히, 사진의 촉매제 역할을 강조합니다.

와이저는 또한 사진치료와 치유적 사진을 비교하여 설명합니다. 사진치료가 훈련된 치료사가 직접 개입하는 것이라면, 치유적 사진은 개인이 주도하는 것입니다. 자신의 성장과 자기 발견, 또는 사회적 변화나 개인적이고 정치적인 예술적 주장을 위한 도구로 사진을 사용하는 것으로 정의합니다. 사진 치유는 사진치료보다 사진의 미학적 요소를 고려하는 사진 활동이며, 넓은 의미에서 사진이 가지고 있는 예술적인 치유의 힘을 말해줍니다.

1. 사진치료 | PhotoTherapy

02. 사진치료의 대표 기법

사진치료의 대표적인 기법에는 주디 와이저가 분류한 투사적 사진, 자화상 사진, 다른 사람이 찍은 사진, 본인이 찍거나 수집한 사진, 가족 앨범과 자전적 사진이 있습니다.

'투사[3]적 사진' 기법은 사진 이미지를 활용하여 정서적 반응을 유도하는 모든 방법을 의미합니다. 이 기법은 우리가 보는 모든 것이 우리 자신을 반영하고, 그 속에 중요한 의미를 담고 있다는 점에 기반을 두고 있습니다. '자화상 사진'은 스스로에 대한 자신의 인식을 다루는 사진 기법입니다. 자기 이미지에 대한 통제권을 갖고 자신을 직면하면서 자신이 누구인지 탐구합니다. 자화상은 자신의 이미지를 강화할 수 있으며 투사적 기법과 결합하여 사용하면 더욱 도움이 됩니다. '다른 사람이 찍은 사진'은 다른 사람이 우리를 지각하는 수많은 방식을 볼 수 있게 합니다. 이 기법은 자신과 타인에게 어떤 부분이 중요한지를 비교하며 관계에서의 권력 역동을 탐색하는 수단이 됩니다. '본인이 찍거나 수집한 사진'은 그 사람에게 중요한 '목표, 소망, 성과, 개인의 기준'을 탐색하는 데 유용합니다. 자신이 찍거나

---

3) 투사(Projection)는 내면에 자신이 용납할 수 없는 무의식에 품고 있는 문제, 결점, 죄책감의 원인을 남이나 외부에 있다고 여기고 던져버리는 방어기제이다.

모은 사진에서 어떻게 그 의미가 시각적으로 표현되는지 살펴볼 수 있습니다. '가족 앨범과 다른 자전적 사진' 기법은 가족의 뿌리, 배경, 환경, 상호 연관된 체계, 관계 패턴 및 세대 전수로 형성된 자신과 가족관계를 다루며, 언어로 표현할 수 없는 가족 내 관계 역동과 권력 지지를 검토하게 합니다.

다섯 가지 대표 기법 중에서 본 워크북의 내용과 가장 밀접한 것은 투사적 사진 기법으로 모든 사진치료의 기본 토대입니다. 투사적 사진 기법은 다른 사진치료 기법과 상호작용하면서 활용되고 있습니다. 이 기법은 평범한 사진 한 장에서도 눈으로 보이는 것 이상의 의미가 반영된다는 사실을 빠르게 확인하도록 해줍니다. 사진을 보면서 받는 시각적 자극을 의식적이고 무의식적인 의미와 연결하는 '자유연상'[4]을 이용하여 내면을 쉽게 탐색하게 하는 기법입니다.

투사적 사진 기법은 사람들이 사진을 통해 자신의 감정과 경험을 투사하는 과정을 중점적으로 다룹니다. 이를 통해 개인은 자신도 모르게 사진에 담긴 내면의 이야기와 감정을 발견하게 됩니다. 예를 들어, 특정 사진을 보며 떠오르는 생각과 감정을 자유롭게 연상하는 과정에서 자신의 무의식적인 부분을 인식하게 됩니다.

또한, 이 기법은 상담자와 함께 진행될 때 더욱이 효과적입니다. 상담자는 내담자가 사진을 통해 표현하는 감정과 이야기를 경청하고, 이를 통해 내담자가 자신의 내면을 더 깊이 이해하고 치유할 수 있도록 심리학적인 지식과 인간적인 경험으로 돕습니다. 투사적 사진 기법은 개인이 자신의 내면을 더 잘 이해하고, 자신의 감정과 경험을 새로운 시각에서 바라볼 수 있게 해줍니다. 이 과정은 단순히 사진을 보는 것에서 끝나는 것이 아니라, 사진을 통해 자신을 탐구하고, 새로운 통찰을 얻으며, 궁극적으로는 치유와 성장을 향해 나아가는 길을 열어줍니다.

사진치료의 기법은 다양한 연령대와 심리증상에 적용할 수 있는 매우 유연한 기술의 집합으로 평가받고 있습니다. 그래서 사진치료는 다른 많은 상담기법과 쉽게 어울릴 수 있는 절충식 Eclectic 접근법이 특징입니다. 따라서 사진치료는 심리치료 전문가와 정신건강

---

[4] 자유연상(Free association)이란 마음에 떠오르는 모든 내용을 검열하거나 비판하지 않고 표현하는 것이다.
그 내용이 무엇이든지 표현이 가능한 것으로, 과거의 경험을 회상하면서 차단된 감정을 이완하게 돕는다.
상담자는 내담자의 자유연상의 내용에서 실수나 억압되거나 감춰진 의미를 수집하고 해석하여 내담자의 통찰을 돕는다.

전문가뿐만 아니라 누구나 심리치료 방식과 심리학 이론을 기반으로 사진치료 기법을 활용할 수 있습니다. 또한 전문적인 사진 기술이 없더라도 사진치료의 기법을 사용할 수 있습니다. 사진을 찍고 보는 단순한 방식으로 다양한 상황에서도 통합적으로 적용할 수 있는 효율성이 높은 기법입니다. 이러한 사진치료의 접근법은 맞춤형 치료가 가능하며 자기 탐색과 표현의 도구로 활용될 수 있습니다. 이와 같은 장점들 덕분에 사진치료는 심리치료의 한 방법으로서 많은 사람에게 널리 사용되고 있고, 그 효과 또한 입증이 되고 있습니다.

사진치료의 여섯 가지 접근법과 장점

01   **모든 연령대에 적용 가능성**   어린이부터 노인까지, 다양한 연령대의 사람들이 사진치료를 통해 자신의 감정과 경험을 표현할 수 있다.

02   **다양한 심리증상에 대한 적용성**   불안, 우울, 트라우마 등 다양한 심리적 문제에 효과적인 적용이 가능하다.

03   **절충식 접근법**   사진치료는 다른 심리치료 기법과 쉽게 결합할 수 있어, 개별 내담자의 필요에 맞춘 맞춤형 치료가 가능하다.

04   **전문적인 사진 기술 불필요**   사진치료는 고도의 사진 기술 없이도 누구나 쉽게 접근할 수 있다. 사진을 찍고 보는 단순한 행위만으로도 치료적 효과를 얻을 수 있다.

05   **자기 탐색과 표현의 도구**   사진을 통해 내담자는 자신의 내면을 탐색하고, 감정과 생각을 시각적으로 표현할 수 있다. 특히 말로 자신의 감정을 표현하기 어려운 사람들에게 유용하다.

06   **통합적 적용 가능성**   사진치료는 학교, 병원, 상담센터 등 다양한 환경에서 사용할 수 있으며, 다양한 심리이론과 치료 기법을 통합적으로 적용할 수 있다.

1. 사진치료 | PhotoTherapy

03. 사진치료에서의 사진의 역할

"사진치료에서의 사진은 심리치료의 도구이자 방편입니다."

내담자의 반응 촉진

5) **반응(Response)**
내담자의 반응은 상담자에게 중요한 정보를 제공하는 것이다. 반응에는 음성 언어와 신체 언어의 반응이 있다.

반영적 반응(Reflective Response)
상담자가 내담자의 감정, 생각, 태도를 거울에 비추어 주듯이 보여주는 것이다. 내담자가 말하고자 하는 내용을 스스로 볼 수 있도록 하여 내담자가 자신이 이해받고 있다는 인식을 주게 한다.

사진은 상담자와 내담자 사이의 매개체로서 내담자의 감정, 생각, 의식을 촉진하는 역할을 합니다. 사진을 통해 나타난 내담자의 반응[5]은 예상치 못할 정도로 다양하며, 상담자는 이러한 반응을 주의 깊게 살펴 상담을 진행합니다. 더 구체적으로 말하면, 사진치료는 내담자가 사진을 통한 모든 반응과 사진이 주는 상징, 은유, 무의식적인 표현에 주의를 두고 상호 협력하는 활동입니다.

일반적으로 사진 작품은 사진작가의 기술, 미적 표현, 주제에 중점을 두고 감상하지만, 사진치료는 사진의 시각적인 요소가 우리에게 어떻게 영향을 미치는지에 중점을 둡니다. 이는 심리치료의 목적과 효과가 사진을 보는 사람의 시각, 경험, 해석에 관심을 두기 때문입니다. 따라서 사진치료는 사진과 내담자와의 상호작용에 중점을 두며, 사진을 상담자와 내담자를 연결하는 매개체로 활용합니다.

주관적인 심리의 투사

사진치료는 사람마다 다르게 반응하는 '주관[6]적인 심리 투사'의 이해를 기반으로 합니다. 사진의 객관성과 과학적인 재현성보다는 사진은 내면의 자화상이며 기억의 거울로서 주관성에 초점을 두고 있습니다. 개인이 찍거나 고른 모든 사진은 그 사람의 내면, 즉 독특한 자아상과 정체성을 나타냅니다. 따라서 사진의 의미는 사진을 보는 사람의 내면(또는 내면의 지도)에 따라 각기 다르게 해석됩니다.

세상에는 아름답고 멋진 사진들이 넘쳐나지만, 동일한 대상이라도 찍는 사람에 따라 단 하나뿐인 사진이 나오며, 그 사진조차 사람마다 다르게 해석됩니다. 사진치료는 내담자가 사진을 통해 창작하고 그 의미를 음미하며 개인적으로 해석할 수 있게 합니다. 그 결과 사진의 의미는 매우 개인적이고 주관적이며 독특합니다.

사진치료는 표현예술치료의 한 형태로서 시각적이고 감정적인 측면에 중점을 두어 언어가 아닌 이미지를 통해 내면을 탐색합니다. 사진은 찍고 다시 보는 과정에서 개인의 주관적인 관점을 객관화[7]하여 관찰자의 위치를 갖게 해주며, 심리치료의 효과를 높이는 동시에 주관적인 관점으로 투사한 대상을 자신과 분리하는 데에도 도움을 줍니다.

내면 현실의 표현

사진은 사람의 내면 현실[8]을 잘 드러냅니다. 사진을 보면서 생각지도 못한 내면의 의미가 새롭게 발견되기도 합니다. 사진 활동의 과정은 마음속의 감정, 가치관, 비밀, 기억과 상호작용을 하며 이를 표현하기 때문입니다. 또한 우리가 찍거나 고른 사진에서는 '우연성과 동시성의 말 없는 의사소통'이 일어납니다. 순간적으로 선택한 사진에는 우연히 그 순간에 함께 벌어지는 동시성이 존재합니다. 이러한 현상에서 발생하는 사진의 자극은 내면의 현실을 더욱 깊이 있게 바라보게 합니다. 사진은 이렇게 인간의 주관적인 현실을 흥미롭게 드러내며, 보는 사람과의 교감을 통해 우리의 내면 현실을 표현합니다.

---

[6] 주관은 개인의 감각, 감정, 생각으로 형성된 의식을 말한다, 대상에 작용하는 작용자의 의식 자체를 의미한다. 객관은 개인의 주관적인 영향을 배제하여 사실에 근거하여 인식하는 것이다. 왜곡하지 않고 증명 가능한 객관적인 사실에 기반하여 가능한 사실로 다루는 것을 의미한다.

[7] 관점의 객관화란 자신을 마치 다른 사람이 보는 것처럼, 감정을 개입하지 않고 냉정하고 객관적인 외부 관찰자의 시각으로 왜곡 없이 보는 것이다. 주관적인 경험이나 의식을 객관적 사실로 전환하는 과정으로 자기 이해와 성찰을 증진하는 역할을 한다.

[8] 내면의 현실은 인간 존재의 정체성을 깨닫기 위해 내면의 소리에 귀 기울이고 그 흐름을 느끼는 사람에게 드러난다. 외부의 현실은 우리가 만나는 존재의 장(Field)에 같이 있는 듯하지만, 내면의 현실은 각자 의식의 존재 상태로 있다.

유연한 상호작용

사진은 새로운 기법과 기술의 변화에 탁월하게 상호작용[9]합니다. 현대의 디지털 최첨단 기술에도 잘 적용되는 사진치료 기법은 첨단 과학과 인간 심리가 서로 상호 의존하는 특징이 있습니다. 다양한 치료 기법을 첨단 사진 기술(카메라, 포토샵, 스캐너)과 결합해 사용함으로써 심리치료의 효과를 극대화할 수 있으며, 어떤 종류의 사진도 변형할 수 있습니다. 사진치료에서 활용하는 사진의 적용 범위는 종이 사진에 국한되지 않습니다. 디지털 사진, 비디오, 필름, 이미지 스캔, 잡지, 신문, 뉴스, 엽서, 그 외 과학기술의 발달에 따른 이미지 저장 장치, 휴대전화, 컴퓨터의 AI 이미지도 모두 포함됩니다. 앞으로 개발될 새로운 영상 이미지도 사진치료에 잠재력으로 활용될 수 있을 것입니다.

---

[9] 상호작용이란 두 개체 사이의 교환이나 소통을 말한다. 상호작용 이론은 개인과 사회 간의 상호작용이 개인의 행동과 사회 질서 유지에 어떻게 기여하는지를 본다.

사진 치유와
성장을 위한 믿음

사진은
세상의 거울이 되어
나를 비춘다.

사진은 온전히 몸, 마음,
그리고 영혼을 반영하며
빛의 길로 안내한다.

우리는 사진을 보고
열린 마음으로 질문을 하고
가슴으로 그 답을 듣는다.

우리에게는
사랑, 행복, 그리고
'참나'인 나를 찾아가는
영성이 있다.

메타뷰 사진 카드와 탐색 카드
MetaView Photo Cards & Exploring Cards **PART II**

01.	MetaView의 의미	28
02.	MetaView 사진 카드란?	36
03.	MetaView 탐색 카드란?	42
04.	누가 사용하나요?	46

사진으로 대화할까요?
MetaView PhotoTherapy Workbook

#MetaView Photo Cards
#MetaView Exploring Cards

2. 메타뷰 사진 카드와 탐색 카드 | MetaView Photo Cards & Exploring Cards

01. MetaView의 의미

10) 메타인지(Metacognition)는 1976년 플라벨(Flavell)이 정의한 용어로 자신의 인식을 더 높은 시각에서 관찰하고 발견하여 통제하고 판단하는 정신 능력을 말한다. 자신의 사고의 흐름이나 부분을 자각하는 힘이다.

'MetaView'는 메타인지[10]와 사진의 힘에 영감을 받아 지어진 이름입니다. 이 이름은 사진이 시각적인 형상을 넘어 비언어적인 감정, 기억, 무의식, 자각, 강점, 신념, 관계를 통합하여 본다는 의미를 담고 있습니다. 'MetaView'의 의미는 다차원적인 사진의 주관적인 투사와 객관적인 관찰자 관점을 통합하는 의미이며, 양면성의 이원적인 형상을 넘어 합일의 비이원으로 향하는 개인의 근원적인 치유와 성장을 돕는다는 뜻도 담고 있습니다.

　　MetaView 사진 카드는 궁극적으로 인간 내면의 빛을 밝혀 어둠을 거둬내기 위한 투사용 카드입니다. 이 카드를 사용하면서 나타날 수 있는 효과는 사실상 사진이 가지고 있는 치유의 힘과 심리치료 기법이 결합한 결과입니다. 세상에 투사하는 마음을 투명하게 자각한다면, 고통을 일으키는 관념의 착각에서 벗어나 보다 충실한 삶을 살아갈 수 있을 것입니다. MetaView 사진 카드를 투사용으로 활용하면서 나타나는 대표적인 여덟 가지 심리치료 효과를 소개합니다.

Memory - 기억

사진은 과거의 기억을 순식간에 현재로 가져옵니다. 일반적으로 사진을 찍는 그 순간의 시간은 과거로 흘러가 한 조각의 흔적으로 기록됩니다. 그러나 시간이 지나 그 사진을 다시 본다면, 그 어떤 시점으로 자동 연결되는 걸 바로 알게 됩니다. 그러면서 자연스럽게 연상되는 어떤 기억[11]을 떠올리게 됩니다. 사진에 있는 어떤 시각적인 단서가 개인의 고유한 그 어떤 경험을 끄집어내기 때문입니다.

그 기억은 '어떤' 의미를 담고 있습니다. 사진치료는 사진을 매개로 꼭 돌아보아야 할 어느 시점의 과거로 여행을 떠나게 합니다. 사진이 불러온 이 기억은 아무런 매개체 없이 과거를 이야기하는 것과는 사뭇 다른, 의식하지 못했던 무의식화된 기억이 드러나는 무게감이 있습니다. 기억은 사진이 내면의 표현을 있는 그대로 진정성 있게 유도하기 때문입니다.

또한 사진은 매우 빠르게 과거의 한순간과 현재의 삶을 연결합니다. 그 기억이 주는 의미와 현재와의 상호작용을 인식하게 하는 것은 통찰을 이끄는 것으로 매우 치유적입니다. 이렇게 사진으로 떠난 기억의 시간 여행은 미해결 과제, 애착 관계, 트라우마[12], 그리고 정체성에 대한 이해를 깊이 도와 현재를 살게 합니다.

Emotion - 감정

사진은 감정의 덩어리라고 불릴 만큼 정서적입니다. 우리가 특정의 어느 한 사진에 순간적으로 이끌리는 건 그 사진의 어떤 '부분'이 내면의 감정을 건드렸기 때문입니다. 이를 롤랑 바르트Roland Gérard Barthes[13]는 '푼크툼'이라고 설명합니다. 푼크툼은 사진을 보면서 말할 수 없이 '가슴을 관통하듯 찌르는 부분'의 시각 요소를 지칭하는 것입니다. 이렇게 사진으로 드러난 감정은 말로 표현하기 어려운 강렬하면서도 미묘한 느낌과 정서를 쉽게 불러일으킵니다.

사진을 보다가 강렬하게 자극되는 어떤 특별한 감정은 인간이 얼마나 복잡하고 미묘하면서도 다차원적인 심리 상태를 가진 존재인지를 이해하게 합니다. 그러나 감정은 논리적인 언어가 아니라서 이

---

11) 기억(Memory)은 시간이 흘러도 지속되는 학습의 결과물이다. 기억은 경험한 것을 획득, 저장하여 나중에 회상할 수 있는 뇌의 기능이다.

12) 트라우마의 기억 회상은 '기억의 재구성'에 초점을 둔다.

13) 롤랑 바르트 Roland Barthes는 프랑스의 철학자이며 비평가로 『밝은 방: 사진에 대한 노트』에서 사진의 본질을 이해하려는 책을 썼다.

성으로 자각하고 판단되지 않습니다. 따라서 감정을 이해하기 위해서는 비언어로 다가갈 때만 제대로 공감할 수 있습니다. 사진으로 다가가는 감정은 학습으로 배운 언어와 비교할 수 없이 넓고 풍부하며, 사진을 통해 표현되는 다양한 감정은 진정한 나를 깨닫도록 돕습니다.

사진이 말해주는 감정은 몸 감각에서 점차 이성적인 생각과 행동으로 연결되면서 의식으로 전달됩니다. 감정을 통한 의식의 확장은 자신의 앎을 더욱 성숙하도록 만들어줍니다. 감정은 머리와 지식으로는 알 수 없고, 또 다가갈 수 없기에, 비언어적인 사진의 감정을 통해 알게 되는 자신에 대한 진정한 앎은 매우 치유적입니다.

Talents - 강점과 자존감

METAVIEW

사진치료는 인간의 자존감[14] 향상을 적극적으로 추구합니다. 자신에 대한 앎이 자존감 향상에 큰 영향을 준다고 주디 와이저는 강조합니다. 자존감의 향상은 나를 아는 과정에서 시작하며, 그 앎의 기초는 자신의 '강점'과 직결됩니다. 강점은 자신이 지닌 고유한 재능이며, 선천적으로 부여받은 선물입니다. 우리가 자신의 고유한 내적인 강점을 발휘하는 일치된 삶을 살아간다면, 자존감은 절로 향상될 것입니다. 그러기 위해서는 자신에 대한 긍정적인 이해를 기반으로 해야 합니다. 내가 무엇을 좋아하는지, 무엇을 원하는지, 그리고 무엇을 잘하는지를 스스로 탐색하고 인정하며 수용할 때 그 강점이 크게 발휘되기 때문입니다.

사진은 우리를 삶의 주체성[15]을 갖고 살아가도록 돕습니다. 우리가 삶을 독립적이며 주인의식을 가지고 살아가기 위해서는 자신에 대한 이해, 즉 자신을 탐색하여 강점을 인정하고 존중하는 자존감이 필요합니다. 그런 면에서 사진은 우리를 삶의 주체자로서 존재하게 하는 '선택'을 주체적으로 하는 활동입니다. 사진을 찍는 순간, 고르는 순간, 보관하는 순간 모두 선택의 연속입니다. 삶에 있어서 어떤 결정을 주체적으로 하는 경험의 반복은 우리의 삶을 주체적으로 살도록 돕습니다.

---

14) 자존감(Self esteem)이란 자신을 존중하고 가치 있는 존재로 인식하는 마음이다. 건강한 자존감은 새로운 도전에 자신 있게 행동하며 실패와 비판에도 자신을 스스로 긍정적으로 평가한다. 반면, 자존심은 남에게 굽히지 않고 자신의 품위를 스스로 지키려는 마음이다. 자존감은 주관적인 개념이며 자존심은 상대적인 개념이 된다.

15) 주체성이란 인간이 어떤 일을 할 때 나타나는 자유롭고 자주적인 성질을 뜻한다. 주체성은 자기의 의지로 무엇에 얽매이지 않고 무엇인가의 대상에 자기 일을 스스로 처리하는 자세이다.

사진을 스스로 고르고 자신의 이야기를 자발적으로 하다 보면 삶의 주도자로서 자신의 강점을 부각하게 되고, 자신에 대한 다의성, 긍정성, 진정성, 가치를 포함한 강점을 자연스럽게 인정하면서 자존감을 높일 수 있습니다.

Awareness - 자각　　　　　　　　　　　　　　　　METAVIEW

사진은 자각[16]을 돕는 마음의 촉매제 또는 자극제입니다. 사진은 시각을 통해 감각, 감정, 기억, 인지 체계를 두루두루 자극합니다. 사진치료는 사진을 고르고 대화하면서 몸의 느낌, 감정의 반응, 기억 회상에 관한 자각을 깨워 활성화합니다. 사진은 놀랍게도 즉흥적이고 심층적이며 직관적으로 무의식에 잠재된 기억, 감정, 의식을 표면화 시키기 때문에 감각적으로 감정 자각을 돕습니다. 사진을 통해 자각이 높아진다면 자신을 더 잘 이해하고 성장하는 데 도움을 줍니다. 자각은 다른 말로는 심리적인 깨달음이며, '아하'라는 탄성을 불러옵니다. 살아가면서 겪게 되는 어려움의 원인은 놀랍게도 대상이나 상황보다는 자신에 대한 이해 부족이라고 주디 와이저는 말합니다. 실제 심리치료는 자각을 증진하는 작업입니다. 무엇이 우리를 움직이게 하며, 어떤 가치가 중요한지 인식함으로써 더 나은 자신의 앎을 깨닫게 됩니다.

　자각을 하는 것은 어떤 결정을 내리거나 행동을 취할 때나 창의적인 문제 해결에 있어서 적절한 선택을 할 수 있게 해 줍니다. 따라서 나의 이해를 높이는 방법은 자각을 통해서 가능하며, 앎의 시작은 사진을 통한 감각, 감정, 기억과 인지의 자각을 통해 증진할 수 있습니다.

Vision - 가치 있는 신념(비전)　　　　　　　　　　METAVIEW

사진치료에서 사진을 보고 대화를 나누는 과정은 세상을 새롭게 보게 하는 창의적인 관점과 새로운 신념(비전)을 만나는 작업입니다. 똑같은 사진도 우리가 처한 상황, 심리 상태, 가치 기준, 경험과 성숙도에 따라 다르게 해석되는 것을 터득하게 되면, 나만의 것, 나만의

---

[16] 자각은 자신의 감정이나 생각 또는 상황을 알아차림 하는 것을 말한다. 불교에서의 자각(自覺)은 자신이 어떤 상태에 있는지를 인식하는 것을 넘어서는 깊은 깨달음을 포함한다.

틀을 깨어 버릴 수 있는 놀라운 혁명 같은 일이 벌어집니다. 이는 자기중심에서 벗어나 사회와 세계의 관점으로 새로운 길이 열리는 순간이 됩니다.

사진은 인식의 틀을 벗어나 자유로운 상상의 세계와 신선한 창의성[17]을 촉진합니다. 사진을 찍고 보는 것 자체가 창의적인 작업이기 때문입니다. 현대인에게 반복되어 만성적으로 나타나는 심리적 어려움이나 스트레스의 해결책은 기존의 틀을 벗어난 새로운 창의적인 관점에서 발견됩니다. 사진을 보고 관찰하며 사색하는 과정은 심리적인 이완과 내적인 여유를 줍니다.

가치를 찾는 과정은 자연스럽게 내면에서 아이디어와 사고를 만나게 합니다. 이는 지금까지 경험하지 못한 미지의 새로운 세계가 될 수 있습니다. 그러나 이를 통해 일상생활에 도움이 되는 새로운 비전을 얻습니다. 사진으로 다양한 창의성을 스스로 자각한다면, 과거와 다른 새로운 관점을 인식하게 될 것이며, 이는 바로 근원적인 치유와 성장의 변화로 자연스럽게 연결됩니다.

[17] 창의성(Creativity)은 새롭고 독창적이며 유용한 것을 만드는 능력, 관습적인 사고를 벗어나 새로운 관계를 창출하거나 비일상적인 사고를 만드는 능력이다.

Integration - 통합

사진은 몸, 마음, 영성[18]의 통합적인 매체로 자리 잡고 있습니다. 사진 그 자체는 물리적인 종이 한 장에 불과하지만, 그 의미는 심리적이며 깊이는 영성의 영역까지 도달합니다. 물체인 사진에서 감정이 출렁이고 생각이 움직이며 변화가 일어나는 과정은 의식을 영성으로 확장하는 변용입니다.

사진을 통해 몸, 감정, 의식, 그리고 영성을 살펴보는 통합적인 관점은 전인적인 인격 성장을 도모하는 데 중요한 역할을 합니다. 인간은 생물학적, 심리적, 사회적, 문화적 요소가 복합적으로 작용하는 전인적인 존재입니다. 모든 개인의 행동을 이해하기 위해서는 생물학적, 사회적, 문화적 배경을 고려한 통합적인 관점이 필요합니다.

사진은 세상의 한 부분을 고정한 시각적 결과물이면서 그 자체로 세상과 연결됩니다. 사진을 통해 세상의 한 부분을 만나는 것은 더 큰 차원으로 나아가는 통합 과정입니다. 몸, 마음, 영성의 표현을 통해 통합된 자아는 영성을 가진 인간으로서 존재하게 합니다. 사진으로 몸, 마음, 그리고 영적인 의식을 표현하는 것은 세상에 대한 표현이자 소통입니다. 이러한 관점에서 사진은 단순한 시각적 매체를 넘어, 인간 존재의 복합성과 통합성을 탐구하는 중요한 도구로 작용합니다.

Exploring Unconscious - 무의식 탐색

사진은 무의식을 자연스럽게 탐색하게 합니다. 사진치료에서 투사적 사진치료 기법을 주로 이용하는 이유는 인간 내면의 깊은 탐색에 있습니다. 내면의 탐색에는 개인에게 어려움을 일으키는 그림자[19]와 깊은 무의식에 내재된 영성도 포함합니다. 심리치료는 내면의 상처와 어려움을 회복하고 성장시키기 위해, 언어로 표현할 수 없는 무의식 영역에서부터 신체 감각, 감정, 신념, 가치, 정체성 등 다양한 범위를 탐색합니다. 이 과정은 심리치료와 상담에서 빼놓을 수 없는 필수 요소입니다.

---

[18] 영성(Spirituality)은 인간의 가장 높은 본질적인 부분으로 삶에 영감을 주고 삶의 방향을 알려주는 원천이다. 영성은 비물질적인 실재를 믿고 우주(세상)에 본래부터 있는 성품이나 초월적인 성품을 경험하는 것을 말한다.

[19] 칼 융은 그림자(Shadow)란 '내가 아닌 척하는 나의 부분'이라 한다. 즉, 나의 모습으로 자신을 자각한다면 의식 차원에 있지만, 그림자는 나의 모습이 아니라 여기며 무의식으로 밀어 넣은 부분이다.

사진은 비언어의 은유와 상징을 지니고 있습니다. 사진에 묘사된 선과 색, 형태, 그리고 상징적인 물상은 인간이 부여한 의미를 담고 있습니다. 사진에 담긴 비유와 상징의 요소는 우리의 무의식적인 마음을 이야기하고 소통하게 합니다. 사진의 은유와 상징적인 시각적 요소는 언어로 쉽게 도달할 수 없는 무의식에 순간적으로 접근하게 합니다.

무의식의 범위는 어두운 그림자에서부터 '나는 누구인가?'라는 내면의 빛을 밝히는 것까지 무궁무진합니다. 동서고금의 최고의 물음에 대답하기 위해서는 나의 무의식을 실체적인 의식 차원으로 인식해야 합니다. 사진을 통해 무의식을 보는 것은 하나의 방편입니다. 무의식을 이해하기 위해서는 불안과 두려움을 내려놓고 자신에게 내재한 힘을 밝혀 나가야 합니다.

With My Surroundings - 나와의 관계성   METAVIEW

사진치료는 사진의 상호관계성을 효과적으로 이용하여, 개인의 심리적 상태와 감정을 탐구합니다. 우리가 사진을 찍고 이를 바라보며 대화를 나누는 과정은 내면의 깊은 만남이자 동시에 세상과 연결[20]된 만남으로서의 의미를 지닙니다. 인간은 혼자 살 수 없듯이, 사진도 혼자 존재하지 않습니다. 사진은 단순히 정적인 이미지로 존재하는 것이 아니라, 그 이면에 다양한 관계와 소통의 가능성을 내포하고 있습니다. 비록 사진이 특정 대상과의 물리적인 관계에서 비롯된 결과물일지라도, 그것은 사회적 관계 속에서 나눔과 소통을 이루는 살아 숨 쉬는 관계성을 가지고 있습니다.

특히, 사진은 심리 상담의 맥락에서 상담자와 내담자 사이의 중간 매개체로서 다리 역할을 합니다. 사진을 통해 내담자가 표현하는 감정은 단순히 개인적인 감정에 국한되지 않고, 사진과 상담자, 그리고 사진과 내담자 간의 관계성과 깊게 연결되어 있습니다. 이러한 관계는 내담자가 자신의 감정을 탐색하고 이해하는 데 있어 중요한 통찰을 제공합니다. 사진에서 드러나는 자신과 타인에 대한 모든 표현은 그들의 일상적인 경험과 사회적 관계가 어떻게 나타나는지를 암

---

[20] 연결성(Connectivity)은 우리가 다른 무엇과의 관계가 연결되는 것을 말한다. 심리치료는 내담자의 단절된 연결성을 회복하여 자기 자신의 내면을 타인, 주변의 문화 환경, 자연, 우주, 그리고 신에게 연결되게 도와주는 것이다.

시하며, 이는 관계의 형성, 분리, 단절의 과정을 이해하고 분석하는 데 큰 도움이 됩니다.

결국, 사진은 개인이 가족, 사회, 더 나아가 세상과 우주와의 관계를 이해하고 탐색하는 가능성을 여는 중요한 도구로 작용합니다. 이 과정을 통해 우리는 자신과 타인, 환경과 세계에 대한 깊은 관계성을 이해하고, 이를 통해 의식이 영성까지 포함하는 의미 있는 경험으로 확장될 수 있습니다. 이러한 관점에서 사진치료는 인간 존재의 복합성과 통합성을 탐구하는 데 필수적인 역할을 하며, 우리가 서로 연결되어 있음을 인식하게 만드는 중요한 매개체로 작용합니다.

우리는 사진의 내용이 진실로 의미하는 것을 분명히 알 수가 없다.
우리는 단지 사진이 보여주고, 기억을 불러내고, 우리의 감정 속에서
화학 반응을 일으키는 그 무언가를 가지고 작업할 수 있을 뿐이다.
나는 내담자와 함께 이미지에 초점을 맞추고, 무엇인가를 연상시키는 듯한
시각적 상징을 더 많이 깨닫고자 노력한다.
우리는 공동으로 그것을 탐색하고 그것과 상호작용을 한다.
그리는 그것을 가지고 '작업한다.'
그리고 시종일관 많은 수준에서 동시다발적으로 이야기를 나누게 된다.

- 주디 와이저

2. 메타뷰 사진 카드와 탐색 카드 | MetaView Photo Cards & Exploring Cards

02. MetaView 사진 카드란?

21) 의식성장은 지금의 나, 너, 우리의 개념적인 세계관에서 왜곡되지 않는 진실의 상태로 이행하는 것이다.

22) 울라 할콜라Ulla Halkola는 핀란드의 심리상담자이면서 사진가다. 스펙트로 카드는 4가지 시리즈로 구성되어 있으며, 상징적인 이미지를 표현하여 자신에게 의미 있는 것을 직면하고 표현하게 돕는다.

23) 조엘 워커Joel Walker는 캐나다의 정신과 의사로 심리치료에는 긍정과 부정의 반응이 포함된 사진이 치료에 도움이 된다는 결과를 발표했다. 우리가 보는 것은 뇌가 만들어낸 영상을 보는 것이며 있는 그대로를 보는 것이 아니라는 것에 착안하여, 4장의 모호하고 추상적인 이미지에서 드러나는 욕구, 신념, 감정을 탐색한다.

MetaView 사진 카드는 교육, 심리 상담 및 통합적인 심신 치유를 위해 필자가 고안한 사진치료용 도구입니다. 이 사진 카드의 목적은 전문 상담자와 자기 치유를 원하는 사람들을 위해 인간 내면의 감정과 생각, 의사소통, 상상력을 증진하는 대화를 유도하여 치유적인 의식 성장[21]을 돕는 것입니다.

MetaView 사진 카드는 사진치료의 대표적인 투사 기법을 활용합니다. 사진치료 분야에서 사용되는 다양한 투사 사진들에는 제작자의 여러가지 심도있는 의도들이 담겨 있습니다. 주디 와이저 Judy Weiser는 8x10인치 크기의 흑백사진을 통해 내담자의 감정과 의식을 깊이 탐색하여 의사소통의 도구로 사용하며, 울라 할콜라 Ulla Halkola[22]는 상징적인 컬러 사진인 '스펙트로 Spectro' 카드 시리즈를 사용하여 트라우마와 개인의 심리치료에 널리 활용하고 있습니다. 조엘 워커 Joel Walker[23]는 '워커 비주얼 Walker Visuals'이라고 불리는 4장의 모호하고 역동적인 사진을 사용하여 정신역동의 내면을 탐색하도록 돕고 있습니다.

MetaView 사진 카드의 개발은 투사적 사진치료 기법을 처음 경험하면서 시작되었습니다. 일상에서 촬영한 사진으로 심리치료를 할 수 있다는 가능성을 발견하자마자, 저는 그동안 찍은 사진을 정리하여 개인 및 집단 상담에 열정적으로 활용했습니다. 이후 사람들로부터 투사용 사진에 대한 요청을 받으면서 본격적으로 심리치료용 사진 카드 시리즈를 구성하게 되었습니다.

사진 카드에 담긴 이미지는 제 삶의 일상과 여행에서 만난 순간들을 포착한 것입니다. 평범한 사진에도 다양한 의미와 이야기가 담겨 있지만, 더욱 흥미로운 점은 보는 사람에 따라 다르게 해석될 수 있다는 것입니다. 저는 MetaView 사진 카드를 위해 특히 심리적으로 투사가 일어나기 쉬운 시각적 요소와 상징적인 내용을 중점적으로 선별하였습니다. 사진을 보며 자신이 투사하는 마음을 자각하는 것은 나 자신을 알아가는 작은 깨달음이 됩니다. 사진에 마음을 표현하면서 내면의 현실을 자각하는 것은 나를 깊이 인정하고 수용하는 길이 됩니다. 이러한 과정이 하나둘씩 모여 결과적으로 현실 자각을 증진하고 치유와 성장으로 이어집니다.

MetaView 사진 카드 구성

 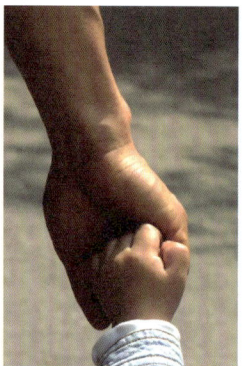 

투사 – Projective Image I <인물과 동물>

MetaView 투사 I 사진 카드는 심리적 투사를 돕는 도구로, 다양한 감정과 생각을 불러일으키는 은유와 상징적인 요소를 지닌 인물과 동물 사진의 모음입니다.

이 카드는 인물과 동물의 이미지를 포함하고 있어 누구에게나 친근하게 다가가며, 심리적 저항감[24]을 줄여 접근을 쉽게 합니다. 인간과 동물의 생로병사와 희로애락을 상징하는 시각 요소들은 복합적이고 암묵적인 메시지를 투사하여 내면의 깊은 마음을 자연스럽게 표현하도록 돕습니다. 아동, 청소년, 성인 모두에게 애착 관계나 내면 아이, 관계성, 감정, 정체성을 바라보는 주관적 반응을 하도록 도와줍니다.

MetaView 사진 카드 I 사진은 인물과 동물 사진의 모음으로
아동, 청소년, 성인 모두에게 자신의 감정과 생각을 쉽게 표현하고 이해하도록 돕습니다.
특히, 애착, 관계성, 감정, 정체성 탐색에 도움이 됩니다.

---

24) 심리적 저항 (Psychological Resistance)은 우리가 변화해야 하거나 새로운 사고를 받아들일 때 내면에서 반발하는 저항을 말한다. 심리적 저항을 극복하기 위해 새로운 관점을 받아들인다면 개인적으로 성공과 성장의 기회를 얻게 된다.

투사 – Projective Image II <사물과 풍경>

MetaView 투사 II 사진 카드는 사물과 풍경을 소재로 하여 우리의 마음을 쉽게 투사할 수 있도록 구성된 사진 모음입니다.

인간의 생활과 자연환경에서 만날 수 있는 소재들은 우리의 의식과 무의식을 자연스럽게 연결하여 감정과 생각을 일으킵니다. 일상과 자연의 풍경 사진이 주는 내면의 끌림은 기억, 신념, 가치관 탐색과 자기 이해에 효과적입니다. 이 카드는 언어로 표현하기 어려운 무의식화된 감정, 경험, 상징적인 의미들을 직면[25]하는 데 도움이 되며, 자신의 내면을 진솔하게 성찰하고 성장하고자 하는 분에게 적합합니다.

25) 직면(Confrontataion)은 말과 생각, 그리고 행동에서 나타나는 불일치와 모순을 지적하여 내담자가 스스로 통찰하여 긍정적으로 변화하도록 돕는 것이다. 이는 불일치가 다른 사람에게 어떤 영향을 미치는지 표현해 주는 고급상담 기법이지만, 신뢰 관계를 충분히 형성한 후에 내담자의 상황과 목적을 고려하여 자각하도록 돕는다.

MetaView 사진 카드 II의 사진은 일상생활과 자연에서 만날 수 있는 은유적이며 상징적인 소재를 통해 우리의 마음을 쉽게 표현하고 이해하도록 돕습니다.
특히, 언어로 표현하기 어려운 상징적인 의미와 무의식 탐색에 도움이 됩니다.

투사 – Projective Image III <감정>

MetaView의 투사 III 감정 사진 카드는 감정을 촉진하고 자각하여 이완시키는 사진 모음입니다.

감정 사진들은 삶에서 경험할 수 있는 다양한 감정으로, '유쾌한 감정'과 '불쾌한 감정'[26], '각성의 감정'과 '비각성의 감정'[27]으로 구성되어 있습니다. 이러한 사진들은 말로 표현하기 어려운 다양하고 복잡한 감정을 표현하고 정서 안정에 큰 도움을 줄 수 있습니다. 특히 위협적이거나 어려운 상황으로 인해 언어로 표현하기 어려운 억압된 감정 등을 사진에 투사하여 간접적으로 표현하는 것은 감정 수용과 안정에 효과적입니다. 감정 사진 카드는 심리적 외상으로 인해 정서적인 고통을 받는 분의 치유에 도움을 주는 유용한 도구로 활용될 수 있습니다.

MetaView 사진 카드 III 사진은 언어로 표현하기 어려운 감정을 촉진하고 자각하여 이완을 돕기 위한 사진입니다. 특히, 삶에서 경험할 수 있는 다양한 유쾌, 불쾌, 각성, 비각성의 감정 표현을 통해 정서 이해와 심리 안정에 도움이 됩니다.

[26] 유쾌한 감정은 흡족한, 만족한 평온한, 침착한, 편안한, 유쾌한, 즐거운, 행복한 감정이다. 불쾌한 감정은 좌절, 짜증, 괴로운, 화난, 비참한, 우울, 슬픈, 침울한 감정 등이 해당한다.

[27] 각성 감정은 좋은 일로 또는 나쁜 일로 놀란, 흥분된, 두려운, 기쁜 감정이며, 비각성 감정은 지친, 졸린, 의기소침한, 지루한, 이완된 감정 등이 해당한다.

투사 – Projective Image IV <정체성>

MetaView의 투사 IV 정체성 사진 카드는 인간의 발달에 나타나는 정체성[28]을 쉽게 자각하고 인식하도록 돕기 위한 상징적인 나무 사진 모음입니다.

나무는 삶의 여정을 상징합니다. 나무의 사시사철 변화하는 잎, 나뭇가지, 기둥, 뿌리, 꽃, 열매는 인간의 경험과 감정을 반영합니다. 나무는 개인적이고 문화적인 기억, 감정, 생각을 자극하며, 내면의 자아상[29], 타자상, 세계상과의 관계를 탐색하고 정체성을 이해하는 데 큰 도움을 줍니다. 나무 사진은 단순한 자연물 이상의 의미를 지니며, 인간 존재의 복잡성과 깊이를 드러내는 동시에 정체성을 탐구하는 데 매우 유용한 매개체입니다.

MetaView 사진 카드 IV는 인간이 성장하면서 형성해 가는 정체성을 자각하고 표현할 수 있도록 합니다. 나무 사진에서 표현되는 은유와 상징은 인간의 발달 과정을 잘 보여주며 내면의 자아상과 관련된 현재의 정체성을 자각하고 인식하는 데 도움이 됩니다.

28) 정체성(Identity)이란 내가 누구이며 세상과 어떻게 관계를 맺고 있는지를 정의하는 개념이다.
정체성은 성장하면서 끊임없이 변화한다. 새로운 가치를 배우는 경험은 정체성을 형성하는 데 영향을 미친다.

29) 자아상(Self Image)은 우리 자신이 마음에 가지고 있는 자기 모습(인식)을 의미한다. 자아에는 현재의 자신에 대한 현실적 자아, 되기를 바라는 이상적 자아, 의미 있는 타인에게 기대되는 의무적 자아, 노력하면 가능하다고 보는 모습의 가능한 자아가 있다.

2. 메타뷰 사진 카드와 탐색 카드 | MetaView Photo Cards & Exploring Cards

03. MetaView 탐색 카드란?

MetaView 탐색 카드는 사진 카드를 효과적으로 활용하게 돕는 보조 카드입니다. 탐색 카드는 내면의 탐색을 효과적으로 다룰 8가지 주제로 '자각, 감정, 강점, 신념, 무의식, 관계, 기억, 통합'을 제안합니다. 모든 주제는 독립적으로 다른 듯 보여도 실제 상호 관계상 밀접하게 연결되어 있습니다. 탐색 카드는 상담 목적의 집중과 효율성을 높이고 특정 주제를 강조하여 살펴볼 필요가 있을 때 더욱 도움이 됩니다.

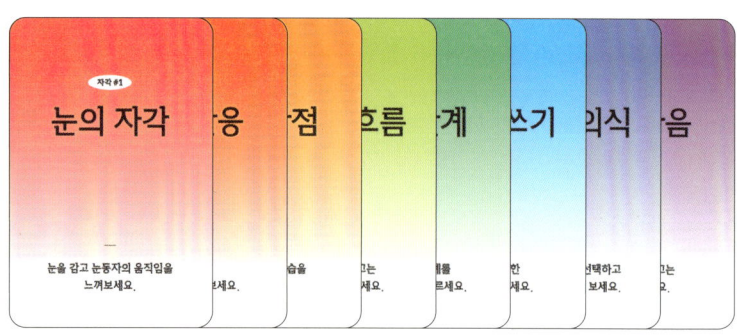

MetaView 탐색 카드의 주제 & 목표

자각 자신의 현재 상태와 감정, 생각을 인식하게 돕는다.

감정 다양한 감정을 인지하고 표현하도록 유도한다.

강점 자신의 강점과 긍정적인 측면을 발견하고 강화한다.

신념 개인이 가지고 있는 신념과 가치관을 탐색한다.

관계 타인과의 관계를 살펴보고 이해하도록 돕는다.

기억 과거의 기억을 떠올리고 그 의미를 재구조화 한다.

무의식 무의식에 숨겨진 생각과 감정을 드러내도록 돕는다.

통합 다양한 경험과 감정을 하나로 통합하여 이해하도록 돕는다.

모든 탐색 카드에는 쉽게 구별할 수 있는 색상과 일련번호가 있습니다. 자각은 붉은색, 감정은 주홍색, 강점은 노란색, 신념은 연두색, 관계는 녹색, 기억은 하늘색, 무의식은 군청색, 통합은 보라색입니다. 카드마다 1번부터 6번까지 번호가 있습니다. 모든 MetaView 탐색 카드는 앞면에는 주제에 맞춘 제시문이 있으며, 뒷면에는 내면을 촉진하는 질문이 적혀 있습니다. 다음은 탐색 카드의 8가지 구성과 카드 앞/뒷면의 예시입니다.

MetaView 탐색 카드 구성

MetaView 탐색 카드는 각 장 모두 앞/뒷면을 활용하게 되어 있으며, 하나의 주제당 6장으로 구성되어 총 8주제/48장입니다.

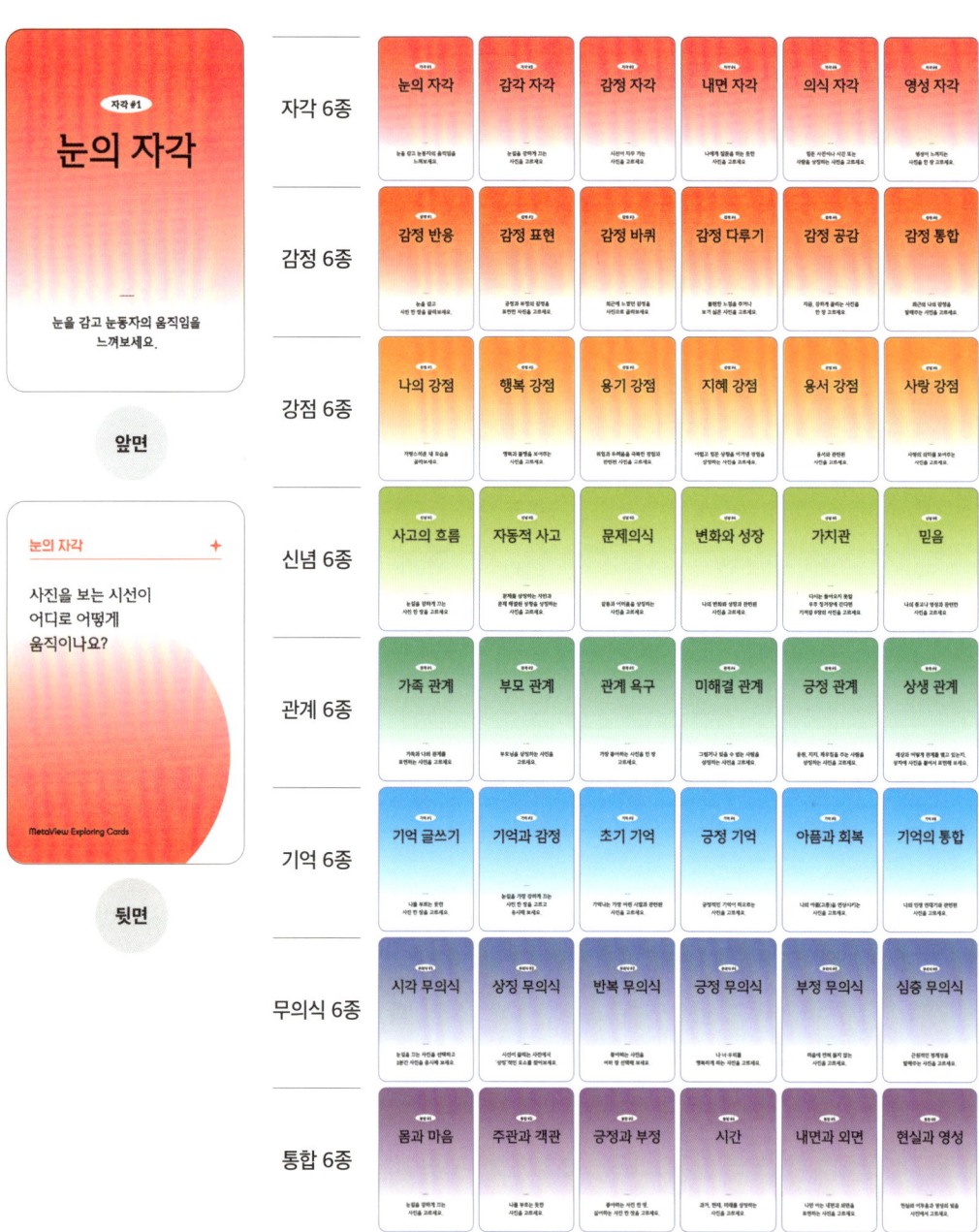

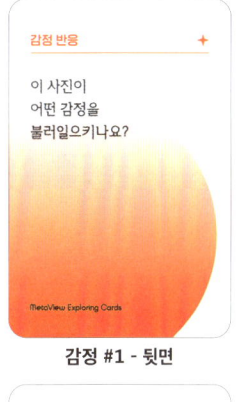

자각 #1 - 앞면   자각 #1 - 뒷면   감정 #1 - 앞면   감정 #1 - 뒷면

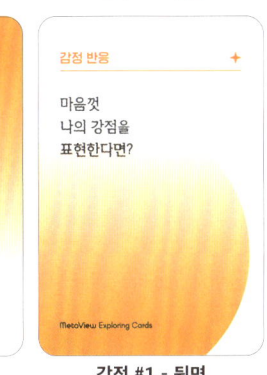
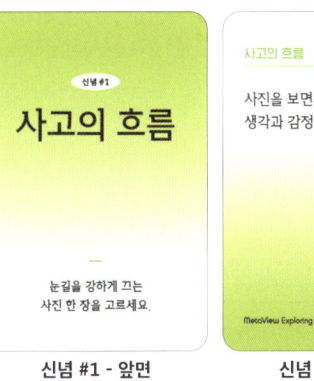

강점 #1 - 앞면   강점 #1 - 뒷면   신념 #1 - 앞면   신념 #1 - 뒷면

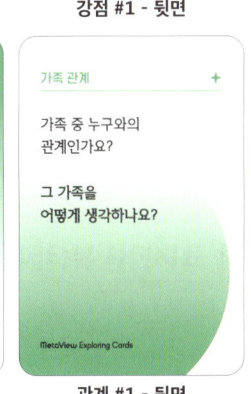
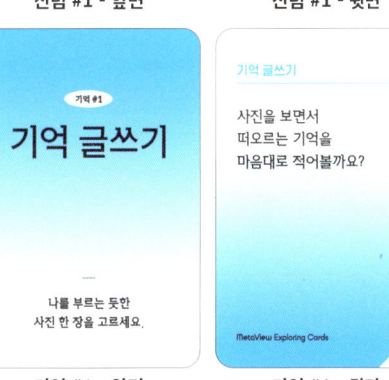

관계 #1 - 앞면   관계 #1 - 뒷면   기억 #1 - 앞면   기억 #1 - 뒷면

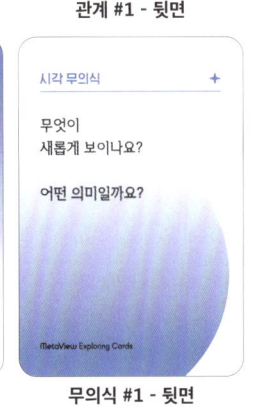
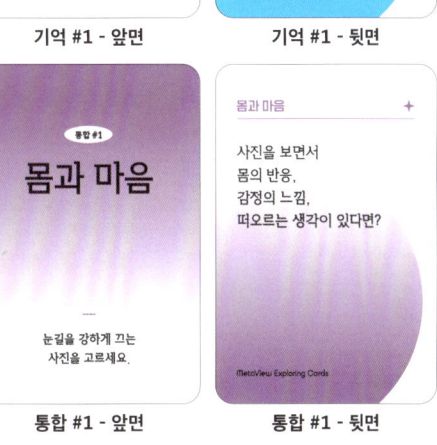

무의식 #1 - 앞면   무의식 #1 - 뒷면   통합 #1 - 앞면   통합 #1 - 뒷면

2. 메타뷰 사진 카드와 탐색 카드 | MetaView Photo Cards & Exploring Cards

04. 누가 사용하나요?

MetaVeiw 사진 카드와 탐색 카드의 사용자는 크게 두 그룹으로 나눌 수 있습니다. 첫 번째 대상의 그룹은 정신건강 관련 전문가입니다. 사진치료 기법을 활용하고자 하는 심리상담자, 사진 심리상담자, 심리치료사, 예술표현 치료사, 미술치료사, 사회복지사, 사진 교육자 등이 여기에 해당됩니다. 사진 카드와 탐색 카드는 전문적인 심리 상담에 효과적인 사진치료를 돕고자 합니다. 특히 투사적 기법의 활용을 위한 준비를 돕는 사진 그리고 투사적인 효과를 쉽게 일으키는 다의적인 의미를 모호하게 지닌 사진과 치유 주제를 제공하는 데 그 의미가 큽니다.

　투사용 사진은 인간의 보편적이면서도 고유한 개별적인 반응을 일으키는 힘이 있어야 합니다. 게다가 투사용 사진은 내담자의 마음을 자극하고 깊게 열어줄 수 있는 효과적인 사진 구성이 절대적으로 필요합니다. 세상에는 매일같이 놀랍고 멋진 사진이 쏟아져 나오고 있지만, 상담자들은 내담자에게 투사를 쉽게 일으키게 하는 적절한 사진의 준비와 구성에 어려움을 느낍니다. 또한 대중적으로 보급되지 않은 투사용 사진 구매에 어려움을 겪고 있어 사진 카드의 필요성을 호소합니다.

MetaView 사진 카드를 구성한 사진은 대부분 일상의 삶에서 스냅으로 포착한 현실입니다. 내담자의 마음을 움직이게 하여 그들의 마음을 풀어내게 도와줄 사진을 제공하기 위해 현실감과 진정성을 담았습니다. 더불어 상담자들이 사진을 구성하는데 오는 피로감과 어려움을 해결해 줄 것입니다. 그리고 내담자에게 효과적으로 투사적인 사진치료 기법을 활용할 수 있도록, MetaView 사진 카드와 탐색 카드는 많은 내담자와의 임상 경험과 전문 상담자들의 테스트를 통해 여러 차례 구성을 정리하였고 그 효과를 계속 검증해 가고 있습니다.

활용 그룹 1 : 정신건강 관련 전문가

대상자
· 심리상담자, 사진 심리상담자, 심리치료사,
  예술표현 치료사, 미술치료사, 사회복지사, 사진 교육자 등

목적
· 전문적인 심리 상담에서 효과적인 사진치료 개입의 지원

특징
· 내담자의 개별적 반응을 이끄는 사진 구성
· 심리상담자들이 겪는 사진 준비와 구성의 어려움 해결
· 임상 경험과 테스트를 통해 검증된 효과
· 투사적 기법 활용을 위한 사진 제공

이 카드를 사용할 수 있는 두 번째 그룹은 사진을 치유 목적으로 활용하는 일반인입니다. 사진 카드를 준비하면서 상담자와 내담자를 가장 먼저 떠올렸지만, 늘 따라오는 생각은 많은 사람을 위한 치유 카드가 되었으면 하는 소망입니다. MetaView 사진 카드와 탐색 카드는 내면의 치유와 성장을 추구하는 모든 사람을 위해, 스스로 치유의 경험을 할 수 있도록 돕고자 합니다. 물론, 사진치료는 심리학과 심리치료의 이해와 훈련을 받은 사람이 활용하는 것이 더욱 효과적입니다. 그러나, 사진의 치유적 힘은 자신의 상처를 스스로 치유하려는 사람들에게도 그 가능성이 역시 열려있습니다.

사진은 세상의 모든 것을 담아내며, 이를 바라보는 사람의 마음을 반영합니다. 사진치료는 열린 마음으로 질문하고, 가슴으로 그 답을 듣는 과정입니다. 사진을 통해 대화를 나누면서 우리는 내면에 투사한 감정에서 벗어나 관념으로부터 자유로워지는 치유와 의식 성장을 도모할 수 있습니다.

마음의 눈이 열린 이들에게는 단순히 사진으로 내면의 대화를 나누는 방법에 대한 안내가 필요할 뿐입니다. MetaView 사진 카드와 탐색 카드를 잘 활용한다면, 잠재력 있는 치유 경험을 할 수 있으리라고 믿습니다.

활용 그룹 2 : 사진을 치유의 목적으로 사용하는 일반인

대상자	· 내면의 치유와 성장을 추구하는 모든 사람
목적	· 사진을 통해 자율적인 치유 경험 돕기
특징	· 사진의 치유적 힘을 활용하여 자아 성찰을 촉진하기 · 치유 경험을 위한 안내와 이해를 돕기 · 전문가의 도움 없이도 스스로 치유하려는 사람들에게 열려 있음

어떤 대상자가 사용하든, MetaView 사진 카드와 탐색 카드의 사용에는 제한이 없습니다. 자신이 지향하는 심리이론과 개인이 추구하는 치유의 방향에 따라 사진을 도구로써 활용하면 됩니다. MetaView 사진 카드와 탐색 카드로 개인과 집단의 경험, 감정, 생각을 자유롭게 표현하길 권하며, 서로를 이해하고 존중하며 조화롭게 성장할 기회를 가지시길 바랍니다.

통합적 사진치료의 정의

"통합적 사진치료는
창의적인 사진 작업으로
의식 발달에 따른
정신 병리의 회복과
의식 성장을 추구한다."

통합적 사진치료는
영성을 포함하는 통합적인
의식의 조망 체계를 갖는다.

김문희

어떻게 사용하나요?
How to Use It?

 PART III

01.	MetaView 사진 카드 사용법	52
02.	MetaView 탐색 카드 사용법	56
03.	상담자를 위한 사용법	62
04.	자가 치유자를 위한 사용법	88

사진으로 대화할까요?
MetaView PhotoTherapy Workbook

#MetaView Photo Cards
#MetaView Exploring Cards

3. 어떻게 사용하나요? | How to Use It?

01. MetaView 사진 카드 사용법

MetaView 사진 카드의 일반적인 사용 과정은 간단합니다. 진행자는 MetaView 사진 카드를 준비한 후에 사진을 고르게 하는 제시문을 주고 참여자는 사진을 선택합니다. 이후 사진으로 대화를 나눕니다. 카드를 사용하면서 대화를 나눌 때, 내면에서 나타날 수 있는 어떤 주관적인 의미나 감정을 해석하는데 '옳다, 틀리다'라고 판단하지 않기를 권합니다. 사진으로 촉진되는 다양한 표현은 성찰과 통찰을 이끌어 '자신의 앎'을 증진하고 이것이 자신에 대한 깊은 이해와 돌봄으로 이어져 궁극적인 사랑과 평화로 연결될 수 있도록 합니다.

MetaView 사진 카드를 사용하는 구체적인 과정을 설명하면 다음과 같습니다.

사진 카드의 활용 과정

준비
- 진행자는 다양한 MetaView 사진 카드를 준비한다.

제시문 제공
- 진행자는 참여자에게 사진을 고르게 하는 제시문을 제공한다.
- 예를 들어, "현재 나의 감정을 나타내는 사진을 선택해 주세요"와 같은 제시문을 준다.

사진 선택
- 참여자는 제시문에 따라 자신의 감정을 가장 잘 나타내는 사진을 선택한다.

대화 나누기
- 선택된 사진을 가지고 대화를 나눈다.
- 이 과정에서 참여자의 내면에서 나타나는 주관적인 의미와 감정을 자유롭게 표현할 수 있도록 한다.

성찰과 통찰
- 대화를 통해 나타난 다양한 표현들이 성찰과 통찰을 끌어낼 수 있도록 돕는다.
- 참여자는 이 과정을 통해 자신의 앎을 증진하고, 자신의 이해와 돌봄으로 이어지도록 한다.

이 과정을 통해 참여자 스스로가 자신의 내면을 탐색하고 이해하며, 궁극적으로는 자신에 대한 깊은 사랑을 경험하도록 돕습니다.

1. 상담 준비
Preparing for PhotoTherapy & Counseling

공간 준비	· MetaView 사진 카드를 충분히 배열할 수 있는 책상 또는 공간을 준비한다.
사진 배치	· 사진 배치는 자유롭게 하며, 특별한 순서나 질서가 필요하지 않다. · 참여자가 쉽게 사진에 접근하고 골라볼 수 있게 배치한다.
환경 조성	· 참여자가 집중하여 사진을 고를 수 있는 편안하고 조용한 환경을 조성한다.
사진 준비	· 개인 상담은 50장 내외, 집단 상담은 인원수에 따라 100~150장을 준비한다.

2. 제시문 제공
Guiding How to Select the Pictures

제시문 제공	· 사진치료를 위해, 참여자에게 사진을 고르게 하는 제시문을 준다. · 제시문은 간단하고 명확하게 반복해서 알려준다.
예시 제시문	· "현재 나의 감정을 나타내는 사진을 직관적으로 선택해 보세요." · "최근 경험한 중요한 순간을 떠올리게 하는 사진을 골라 주세요." 등의 제시문을 활용한다. · "지금 눈길을 강하게 끄는 사진을 골라 보세요."

3. 사진 선택
Choosing Pictures

직관적 선택 유도	· 참여자가 사진을 직관적으로 고를 수 있도록 안내한다.
시간 제공	· 참여자에게 집중해서 여유 있게 사진을 고를 수 있는 시간을 준다. · 상황에 따라 시간을 조절하며, 침묵의 시간을 활용한다.
편안한 분위기	· 참여자가 압박감을 느끼지 않고 자유롭게 선택할 수 있도록 편안한 분위기를 유지한다.

4. 대화 나누기
Conversation in PhotoTherapy

대화 시작	• 진행자는 참여자가 선택한 사진을 함께 보면서 심리 상담의 대화를 시작한다.
관찰과 경청	• 참여자의 몸짓, 감정과 생각의 표현을 관찰하고 적극적으로 경청한다.
매개자 역할	• 사진은 상담의 중간 매개체로서 역할을 하도록 한다.
질문과 탐색	• 사진의 내용과 관련된 주제로 질문하여, 참여자의 내면을 탐색한다. • 질문에 답변을 재촉하지 않고 참여자가 자신의 속도로 표현하도록 기다려준다.
성찰과 통찰	• 이 과정은 비판하지 않고 판단하지 않는 태도로 사진을 통해 드러나는 내용을 존중해 준다. • 스스로 성찰을 할 수 있도록 대화 내용을 반영, 요약, 확인 질문을 한다. • 문제의 원인과 현재의 감정이 연결되어 통찰할 수 있도록 돕는다. • 자신의 앎이 실천적인 행동으로 옮겨질 수 있도록 돕는다.

3. 어떻게 사용하나요? | How to Use It?

02. MetaView 탐색 카드 사용법

MetaView 탐색 카드는 탐색하고자 하는 특정 주제를 선택한 후에, 카드에 적힌 제시문을 주고 사진을 활용하여 대화를 나눕니다.

MetaView 탐색 카드의 활용 과정

01	**주제 선택**	**8가지 주제** 자각, 감정, 강점, 신념, 관계, 기억, 무의식, 통합의 8가지 주제 안에서 선택하기
02	**사진과 연계**	**카드 앞면 내용** 제시문 주기, 참여자가 사진 고르기
03	**대화 유도**	**카드 뒷면 내용** 질문을 활용하여 대화 나누기

1) 주제 선택

진행사가 선택하거나 참여자에게 탐색 카드 중 하나를 선택하게 하여 그 주제에 대해 집중적으로 탐구합니다. 예를 들어, '감정' 카드를 선택한 경우, 참여자가 현재 느끼고 있는 감정에 대해 깊이 탐색하고 표현하도록 돕습니다.

- **상담 목표 설정**

  상담 목표[30]에 따라 어떤 주제가 가장 적합한지 고려합니다. 내담자가 문제 행동을 해결하고 감소시키는 소극적 목표인지 아니면 자신의 문제를 인식하고 해결할 수 있는 능력을 키우는 적극적 목표인지를 살펴 탐색 주제를 결정합니다.

- **카드 선택**

  주제별 준비된 카드 중에서 선택합니다. 주제는 자각, 감정, 강점, 신념, 관계, 기억, 무의식, 통합 등으로 나누어져 있습니다.

- **참여자의 선택**

  참여자는 자신이 탐색하고 싶은 주제를 직접 선택할 수 있습니다. 이는 참여자의 자율성과 자기 주도성을 높이는 데 도움이 됩니다.

2) 사진과 연계

선택한 주제에 맞는 사진을 고르게 하여 그 사진을 통해 주제를 더 구체적이고 명확하게 탐색[31]합니다. 예를 들어, '기억' 카드를 선택한 경우, 과거의 특정 기억을 떠올리게 하는 사진을 선택하고 그 기억에 관해 이야기합니다.

- **탐색 카드 선택**

  상담 목표에 따라 적절한 주제의 탐색 카드를 선택합니다.

---

[30] 상담 목표는 내담자가 상담을 통해 얻고 싶은 결과나 효과를 말한다. 상담의 목표는 내담자가 더욱더 생산적이며 만족스러운 삶을 살아가도록 영향을 주어 행동을 변화시키는 것이다.

[31] 탐색이란 어떤 것을 찾거나 알아내기 위해 숨겨져 있거나 알려지지 않은 정보를 조사하고 확인하는 과정이다. 심리학에서의 내면 탐색은 드러나지 않은 내면의 심리상태를 알아 보는 것이다.

• **제시문 제공**

선택한 카드에 적혀 있는 제시문을 참여자에게 전달합니다.

• **사진 선택**

참여자는 제시문에 맞는 사진을 선택합니다. 사진은 미리 준비된 사진에서 고를 수 있습니다. 선택한 사진은 참여자가 제시문을 어떻게 해석하고 설명하는지에 대한 단서를 제공합니다.

• **반복 제공**

필요에 따라 제시문을 반복해서 명료하게 알려줍니다. 이를 통해 한결 심층적인 탐색이 가능합니다.

3) 대화 유도

탐색 카드의 주제를 바탕으로 참여자와의 대화를 시작합니다. 예를 들어, '신념' 카드를 선택한 경우, 참여자가 가지고 있는 중요한 신념에 대해 질문하고 그 신념이 어떻게 형성되었는지, 현재의 삶에 어떤 영향을 미치는지에 대해 탐색합니다.

• **탐색 카드 선택 후 질문 제시**

탐색 카드의 뒷면에 적힌 질문을 참여자에게 제시합니다.

• **참여자의 반응 듣기**

참여자가 질문에 대해 답변하도록 합니다. 이때, 참여자의 말에 귀 기울이고, 비언어[32]적인 신호를 주의 깊게 관찰합니다.

• **추가 질문 유도**

참여자의 반응에 따라 추가적인 질문을 통해 대화를 이어갑니다. 예를 들어, 참여자가 "최근에 친구와 함께 여행을 갔을 때 가장 행복했어요"라고 답하면, "그 여행에서 가장 기억에 남는 순간은 무엇이었나요?"와 같은 관련되는 질문을 합니다.

---

[32] 비언어적 표현은 언어가 아닌 몸짓, 표정, 손 움직임, 시선, 자세로 느낌과 생각을 표현하는 것이다. 대화하면서 상황을 잘 전달하기 위해 내용과 어울리는 표정, 자세와 몸짓을 사용한다.
비언어는 언어가 아니지만 언어 표현과 함께 의사소통을 보조하는 수단이다.

- **심화 대화**

  탐색 카드에 적힌 번호를 참조하여, 연관된 더욱 깊이 있는 질문을 합니다. 예를 들면, "행복을 더 자주 느끼기 위해 무엇을 할 수 있을까요?", "친구와의 관계를 돈독하게 하려면 어떤 노력을 할 수 있을까요?" 등입니다. 자신의 내면 상태와 현재 상황을 더 깊이 이해하고, 그로 인해 발생하는 문제의 원인을 파악하는 과정을 의미합니다. 이런 대화는 문제를 해결하는 데 도움이 되며 실천적인 행동으로 이어질 수 있도록 도와줍니다.

  탐색 카드를 통해 상담의 목적을 더욱 명확하게 하고, 참여자가 자신의 내면을 깊이 탐색할 수 있도록 도와줌으로써 상담의 효과를 높일 수 있습니다. 이러한 과정으로 탐색 카드를 활용해서 대화를 깊이 있게 이끌어 갑니다.

대화 유도 Tip

적극적 경청	사진으로 표현하는 참여자의 감정과 생각을 적극적으로 경청하며 존중한다.
판단 없는 수용	참여자가 고른 사진과 답변을 판단하지 않고 수용하면서 인정해 준다.
개방형 질문	사진을 고른 후 "예" 또는 "아니오"로 답할 수 있는 질문보다 "어떻게"를 사용하는 질문으로 대화한다.
비언어적 신호	사진에서 표현되는 비언어적인 은유와 상징, 시각적 요소를 잘 살펴본다. 또한 참여자의 비언어적인 표정, 몸짓, 목소리 등의 표현을 주의 깊게 관찰하며 대화를 나눈다.

MetaView 탐색 카드를 활용한 상담은 사진을 통해 참여자의 내면을 탐구하고 긍정적인 변화를 유도하는 강력한 도구입니다. 이를 통해 자기 돌봄과 심리적 성숙을 촉진할 수 있습니다.

MetaView 탐색 카드 활용 심화

01 주제에 따른 사진의 선택
탐색 카드 주제에 따라 제시문을 주고 참여자가 여러 사진 중 하나를 선택하도록 한다. 사진은 그들의 감정, 경험, 혹은 현재 상태를 투사하여 반영한다.

02 첫 질문 제시
사진을 바탕으로 첫 번째 탐색 카드의 질문을 제시한다.
예를 들어, "이 사진이 당신에게 어떤 감정을 불러일으키나요?" 또는 "이 사진에서 가장 눈에 띄는 요소는 무엇인가요?"와 같은 질문을 할 수 있다.

03 참여자의 반응 경청
참여자의 답변을 경청하고, 그들의 감정을 이해하려고 노력한다. 참여자가 말하는 내용을 비판 없이 받아들이며, 그들이 느끼는 감정을 인정해 준다.

04 추가 질문 유도
참여자의 반응에 따라 추가적인 질문을 한다.
예를 들어, 참여자가 "이 사진을 보면 편안해요"라고 답하면, "편안함을 느낄 때 어떤 상황이나 기억이 떠오르나요?"와 같은 질문을 할 수 있다.

05 질문 조합
참여자의 상황과 상태에 따라 질문을 조합하여 대화를 이어간다.
예를 들어, "이 사진 속의 사물(풍경, 인물)이 당신의 삶에서 어떤 의미인가요?" 또는 "이 사진을 보며 떠오르는 특정한 기억이 있나요?"와 같은 질문을 조합할 수 있다.

06 심화 대화 및 재구성
참여자의 답변을 바탕으로 더 깊이 있는 대화를 유도하고, 그들의 경험을 재구성하도록 도와준다.
예를 들어, "이 사진이 당신에게 주는 편안함을 일상에서 더 자주 느끼기 위해 어떤 변화를 시도할 수 있을까요?"와 같은 질문을 통해 긍정적인 변화를 유도한다.

07 창의적인 질문 만들기
진행자가 탐색 질문에 익숙해지면, 상황에 맞게 창의적인 질문을 만들어 내담자에게 더 적합한 상담을 제공할 수 있다.
예를 들어, "이 사진 속 인물이 당신에게 말을 건다면, 어떤 말을 할 것 같나요?" 또는 "이 사진이 당신의 삶에서 현재의 위치를 상징한다면, 어디에 있다고 느끼나요?"와 같은 질문을 통해 더 깊이 있는 내면 탐색을 유도할 수 있다.

MetaView 탐색 카드의 목표는 참여자가 자신의 감정과 경험을 더 깊이 이해하고, 이를 바탕으로 긍정적인 변화를 끌어낼 수 있도록 도와주는 것입니다. 이러한 과정은 전문적인 심리치료와 상담에서 유용하게 활용될 수 있습니다. 모든 사진에 관한 탐색 질문은 참여자의 상황과 상태에 따라 질문을 조합하여 창의적으로 활용하는 것이 가장 효과적입니다.

3. 어떻게 사용하나요? | How to Use It?

03. 상담자를 위한 사용법

MetaView 사진 카드와 탐색 카드는 상담자와 자가 치유자를 돕는 투사용 카드입니다. 이 장에서는 개인 상담과 집단 상담의 목적에 따라 사진 카드와 탐색 카드를 어떻게 활용할 수 있는지에 대한 구체적인 진행 방법을 소개합니다.

    MetaView 사진 카드와 탐색 카드의 접근 방식은 투사적 사진 치료 기법에 대한 이해를 바탕으로 합니다. 그러나 진행자는 개인 상담과 집단 상담의 차이를 인식하고, 상황에 맞게 적절히 적용할 필요가 있습니다. 상담자로서 사진을 어떻게 다루어야 하는지, 내담자에게 어떤 태도를 가져야 하는지를 제안합니다. 또한, 상담자를 위한 투사적 사진 치료 모형을 제시합니다.

A. 개인 상담시 카드 사용법

A-1. 개인 상담 진행 방법
Guide the Personal Counseling Process in PhotoTherapy
-
내담자 중심의 사진치료를 효과적으로 진행하기 위해 다음과 같은 방법을 제안합니다.

1) 상담 목적에 적합한 사진과 탐색 카드

- 위기 상담[33]은 촉발된 요인으로 인한 정서 혼란과 심리적 불균형을 다룰 수 있는 정서 중심의 사진 카드와 탐색 카드를 준비합니다.

- 촉진 상담은 내담자의 문제 해결에 대처 능력을 도울 주제로 사진 카드와 탐색 카드를 준비합니다.

- 예방 상담[34]은 모든 투사용 사진 카드와 탐색 카드를 사용할 수 있습니다.

- 발달 상담은 내담자의 발달 단계와 인식의 수준에 맞추어 사진 카드와 탐색 카드를 활용하여 개인의 성장과 발달을 도울 수 있습니다.

2) 특정 상황에 적합한 사진 카드

- 상황과 문제에 맞춘 사진

  어떤 사진이든 투사는 일어나지만, 필요에 따라 특정 상황이나 문제에 맞춘 적합한 사진 카드를 준비합니다. 예를 들어, 스트레스[35] 관리가 필요하다면 다양한 스트레스 요인과 대처를 암시하는 투사용 사진을 준비하며, 관계 문제가 있다면 상호작용을 암시하고 상징하는 인물과 동물 사진 등을 준비합니다.

---

[33] 위기 상담은 심리적인 위기상황에서 긴급히 전문적인 상담을 통해 도움을 받는 과정이다. 불안, 자해, 자살 충동이 있을때 적용된다.

[34] 예방 상담은 위기에 잘 대처할 수 있도록 지원하며, 당면한 문제를 해결하는 데 도움을 준다. 내담자가 위기 이전의 상태로 회복하여 성장할 수 있도록 돕는다.

[35] 스트레스(Stress)는 일상에서 마주하는 긴장과 근심 걱정에 대해 신체가 반응하는 방식이다. 스트레스를 받으면 부정적인 신체적, 정신적 증상이 나타난다. 스트레스 해소를 위해 규칙적인 생활, 취미활동, 즐거워지려는 노력, 타인과의 대화가 좋다.

- **맞춤형 질문**

  특화된 사진 카드에 적합한 열린 질문을 준비하여 내담자가 자신의 문제를 깊이 탐색할 수 있도록 돕습니다.

3) 자유로운 이미지 선택 기회 제공

- **이미지 선택[36]의 자유**

  내담자가 자신에게 의미 있는 이미지를 자유롭게 선택할 수 있도록 개인이 찍은 사진이나 소장하고 있는 사진을 허용합니다. 이는 내담자가 자신의 감정과 경험을 더 잘 표현하고 이해하는 데 도움을 줄 수 있습니다.

- **선택 후 탐색**

  내담자가 선택한 이미지에 대해 깊이 탐색할 수 있도록 돕는 질문을 제시합니다. "이 사진을 선택한 이유는 무엇인가요?", "이 사진이 당신에게 어떤 의미를 주나요?", "이 사진이 당신의 삶에서 어떤 부분과 연관이 있을까요?"

4) 내담자의 상태와 진도에 따른 탐색 카드 순서 조정

- **유연한 사용**

  내담자의 상태와 상담 진행 상황에 따라 탐색 카드를 유연하게 사용합니다. 상담 초기에는 낮은 번호의 탐색 카드로 시작하고, 상담이 진전됨에 따라 심화 질문을 제공하는 탐색 카드로 변경할 수 있습니다. 또는 내담자가 탐색 카드를 주도적으로 선택하거나 무작위로 고른 탐색 카드로 진행할 수 있습니다.

- **진도에 따른 조정**

  내담자의 반응과 진도에 따라 탐색 질문의 난이도와 깊이를 조절하여 더 깊은 탐색을 유도합니다.

---

[36] 선택은 우리의 삶에서 끊임없이 일어나는 과정이다. 매일 다양한 선택을 하면서 삶의 방향을 결정짓는다. 자유롭게 사진을 선택하는 과정은 가치관, 목표, 그리고 욕망에 따라 결정된다.

A-2. 사진 카드 사용 방법
How to Use the Photo Cards

-

사진 카드를 효과적으로 활용하기 위해 다음과 같은 구체적인 방법을 제안합니다.

1) 안전한 공간에서 사진 카드 준비

- **안전한 공간**

  조용하고 편안한 장소에서 사진 카드를 펼쳐놓습니다. 내담자가 방해받지 않고 집중할 수 있는 환경을 조성합니다.

- **사진 카드 배열**

  사진 카드를 책상 위에 놓고 내담자가 쉽게 접근하고 선택할 수 있도록 합니다.

2) 충분한 시간 제공

- **시간의 여유**

  내담자가 사진을 고를 때 충분한 시간을 주고 서두르지 않도록 합니다. 내담자가 자신에게 의미 있는 사진을 즉각적(즉흥적)이면서도 스스로 선택할 수 있도록 합니다.

- **관찰[37]과 기다림**

  내담자가 사진을 고르는 동안 조용히 관찰하며 주도권은 내담자에게 둡니다.

[37] 관찰은 내담자를 더 잘 이해하기 위해 판단이나 평가 없이 지켜보는 태도를 유지하는 것이다.

3) 내면세계 탐색 질문 유도

- **유도하는 질문**

    사진을 고른 후 내담자의 내면세계를 탐색할 수 있는 질문을 부드럽게 유도합니다. 예를 들어 "이 사진을 선택한 이유가 무엇인가요?", "이 이미지가 당신의 삶에서 어떤 부분을 상징하나요?"

- **개방형 질문**[38]

    내담자가 자유롭게 자기 생각과 감정을 표현할 수 있도록 개방형 질문을 사용합니다.

4) 자유로운 감정과 생각 표현 돕기

- **표현의 자유**

    내담자가 사진에 투사된 감정과 생각을 자유롭게 표현할 수 있도록 격려합니다. 어떠한 표현도 존중하며, 판단 없이 경청합니다.

- **감정의 인정**[39]

    내담자가 표현하는 감정을 인정하고 공감하며, 이를 통해 내담자와의 신뢰 관계를 형성합니다.

5) 상담자와의 관계 형성

- **관계 형성**[40] **도구**

    사진 카드는 상담자와 내담자 간의 관계 형성을 돕는 도구로 활용됩니다. 사진을 통해 내담자의 감정과 경험을 공유하면서 자연스럽게 상담자와의 신뢰를 구축합니다.

- **공감과 지지**

    상담자는 내담자의 이야기에 공감하며 지지하는 태도를 보입니다. 상담자의 공감과 지지의 모습은 내담자가 더 편안하게 자신의 이야기를 할 수 있도록 돕습니다.

---

[38] 개방형 질문(Open-ended questions)은 답변을 하는 사람이 원하는 방식으로 대답을 하도록 유도하는 질문의 유형이다.

주로 '어떻게'와 '어떤'이라는 단어를 주로 사용하여 질문하면 답변하는 사람의 생각을 더욱 존중하고 공격하지 않는 느낌을 준다.

[39] 인정이란 다른 사람의 가치와 존재를 존중하고 받아들이는 것이다. 상담자가 자신의 생각과 기대를 내려놓고 내담자를 지켜보면서 이해하기 시작하면, 내담자는 고유한 힘을 발휘하여 어려움에 적절히 대처할 수 있다.

내담자는 다른 사람이 자신의 이야기를 편견 없이 들어주고 인정해 준다고 느끼게 되면 수치심이 줄고 자기 수용이 높아진다.

[40] 관계 형성(Rapport)은 공감대 형성, 상대방과의 친밀감, 신뢰 관계를 말한다. 상담자와 내담자의 관계에서 서로 상대방의 관점에서 연결되어 있는 느낌을 주고 받을 때 형성되는 유대감이다.

6) 사진 카드는 상담 목표 달성을 위한 도구

- **심리치료 도구**

사진 카드는 상담 목표를 달성하기 위한 심리치료 도구로 활용합니다. 내담자의 문제와 목표에 맞춰 사진 카드를 선택하고, 이를 통해 내담자의 내면세계를 탐색합니다.

- **목표 설정과 평가**

상담 목표를 설정하고, 사진 카드를 통해 내담자의 변화를 평가합니다. 예를 들어, 초기 상담에서 선택한 사진과 후속 상담에서 선택한 사진을 비교하여 내담자의 변화와 성장을 확인합니다.

평가 활용 방법의 예시

01 첫 상담
내담자가 처음 상담에 참여할 때, 자신의 현재 상태를 사진으로 표현하도록 한다. 사진을 촉매제로 활용하여 내면을 관찰하기 시작한다.

02 중간 평가
상담 중간과정에서, 사진으로 내담자의 마음과 상태를 표현하게 한다.
사진에 표현되는 내용에서 변화를 확인하고, 필요에 따라 상담 목표를 조정한다.

03 종결 상담
마지막 종결 상담에서 자신의 상태와 기분을 사진으로 표현하게 한다. 이를 통해 상담의 전체 과정을 되돌아보고 배움과 변화를 확인하게 한다.
또한 상담 초기와 중간에 선택한 사진을 보고 지금은 어떤 마음의 반응이 일어나는지 물어보면서 이전과 어떤 차이와 변화가 있는지 확인한다.

A-3. 상담자의 태도
Counselor's Attitude

-

상담자가 내담자의 반응을 다룰 때 필요한 태도를 다음과 같이 권장합니다.

1) 긍정적인 공감과 경청의 태도

- **공감과 경청**

  내담자의 이야기를 들을 때는 공감[41]하며 긍정적이고 열린 마음가짐을 유지합니다. 내담자가 자유롭게 표현할 수 있도록 비언어적 신호(고개 끄덕임, 미소 등)로 격려합니다.

- **판단 금지**

  내담자의 반응에 대해 비판하거나 평가하지 않습니다. 모든 반응을 있는 그대로 받아들이고 존중하려고 노력합니다.

2) 시각적인 요소 살펴보기

- **세부 관찰**

  내담자가 선택한 사진의 소재와 내용, 그리고 시각적 요소(색상, 형태, 구도 등)를 주의 깊게 살펴봅니다.

- **질문 유도**

  관찰한 내용을 기반으로 "이 사진에서 어떤 부분이 가장 눈에 띠나요?"와 같은 질문을 하여 내담자가 사진에서 보이는 시각적 자극 요소(푼크툼)를 설명하도록 유도합니다. 이 과정에서 내담자는 사진을 통해 내면을 투사하고 있는 것을 살펴봅니다.

---

[41] 공감(Empathy)은 다른 사람의 감정과 경험을 이해하고 함께 느끼는 능력이다. 공감은 감정을 직접 같이 느끼는 정서적인 공감, 다른 사람의 생각과 감정을 이해하는 인지적인 공감, 고통을 인식하고 도움을 주고 싶은 동정심으로 나눌 수 있다. 우리는 공감을 통해 자신을 돌아보고 자신의 감정을 더더욱 잘 알게 되며 이를 통해 자기 인식을 높이고 수용력을 촉진한다.

3) 사진 내용과 구성, 상징과 은유 탐색하기

- **구성요소 분석**

  사진의 구성요소(인물, 배경, 사물 등)를 살피고, 각 요소가 내담자에게 어떤 의미를 갖는지 탐색합니다. 예를 들면, 인물사진이라면 인물의 표정, 몸짓, 배경, 분위기 등의 인상을 내담자가 어떻게 반응하고 해석하는지 살펴봅니다.

- **상징과 은유**[42]

  사진 속 상징적 요소나 은유를 찾아내어 내담자와 함께 그 의미를 해석합니다. 예를 들어, "이 사진 속 나무가 당신에게 어떻게 느껴지나요?", "이 나무가 당신의 삶과 비슷한 것이 있나요?"와 같은 질문을 합니다.

4) 주관적인 감정과 생각, 경험 존중하기

- **감정 인정**

  내담자가 표현하는 감정과 생각을 인정하고 존중합니다. "이 사진을 보면 어떤 감정이 드나요?"와 같은 질문을 통해 내담자의 감정을 충분히 탐색하고 공감합니다.

- **경험 공유**

  내담자가 사진을 통해 자신의 경험을 공유할 때, 그 경험을 존중하고 경청하려고 노력합니다.

5) 인지 재구조화 과정 돕기

- **인지 지도 탐색**

  사진을 통해 내담자의 인지적 내면 지도를 탐색합니다. 내담자가 사진을 보며 떠오르는 생각을 말하게 하고, 그 생각의 패턴을 분석합니다.

---

[42] 상징(Symbol)은 추상적인 관념을 구체화하는 데 사용한다. 관습적인 상징과 개인적인 상징이 있다.
예) 하트는 사랑의 상징

은유(Metaphor)는 본래의 뜻을 숨기고 비유하는 형상만 드러내어 대상을 설명하는 것이다. 겉으로는 관련 없는 두 가지를 비교하여 의미를 추가하는 비유적인 표현이다.
예) 나는 꽃이다.

- **재구조화**

  내담자가 부정적인 인지 패턴을 긍정적으로 재구조화할 수 있도록 도와줍니다. 예를 들어, "이 상황에서 다른 관점으로 볼 수 있을까요?"라는 질문을 통해 새로운 시점을 제안합니다.

6) 내면의 알아차림 돕기

- **자기 인식**[43]

  내담자가 자신의 정체성, 감정, 무의식을 알아차릴 수 있도록 돕습니다. "이 사진이 당신의 삶에서 어떤 부분을 반영한다고 생각하나요?"와 같은 질문을 사용합니다.

- **인지 재구조화**[44]

  내담자가 부정적인 인지 패턴을 긍정적으로 재구조화할 수 있도록 도와줍니다. 예를 들어, "이 상황에서 다른 관점으로 볼 수 있을까요?"라는 질문을 통해 새로운 관점을 제안합니다.

- **대화 장려**

  내담자가 자신의 내면과 대화를 나누도록 격려합니다. 내담자가 사진을 통해 자신과 대화하는 과정을 지지합니다.

7) 상상력과 창의력 활용하기

- **상상력**[45] **자극**

  내담자가 사진을 통해 상상력을 발휘하도록 돕습니다. "이 사진에 있을만한 이야기를 상상해 본다면 어떤 이야기가 떠오르나요?", "이 사진 속으로 들어간다면, 무슨 일이 벌어질까요?"와 같은 질문을 통해 상상력을 자극시킵니다.

- **창의력 활용**

  내담자가 창의적으로 자신의 내면을 표현할 수 있도록 격려합니다. 그림 그리기, 글쓰기, 춤추기, 노래하기 등 다양한 방법을 제안합니다.

---

[43] 자기 인식 (Self-awareness)은 자신이 어떤 사람이며 자신의 감정과 생각과 행동이 어떻게 나타나고 다른 사람과의 관계에서 어떻게 인식되는지 이해하는 것이다.

[44] 인지 재구조화는 왜곡된 인지를 발견하고 사고의 내용을 수정하여 합리적인 사고로 순기능을 하도록 돕는 기법이다.

[45] 상상력(Imagination)은 현재에 없는 대상이나 경험하지 않은 것을 직관하여 머릿속에서 그려보는 것이다. 상상력은 건강하고 안전한 환경에서 더욱 잘 펼쳐진다.

8) 빠른 해석과 판단 지양

- **신중한 접근**

  내담자의 주관적인 선택과 반응에 대해 빠른 해석과 판단을 피합니다. 충분한 시간을 갖고 내담자가 자신의 이야기를 할 수 있도록 기다립니다.

- **반응 존중**

  내담자의 반응을 있는 그대로 받아들이고, 이를 통해 내담자가 스스로 의미를 찾아갈 수 있도록 돕습니다.

"내담자가 자신을 표현하려고 나에게 사진을 보여주거나 구조화하는 방법은 특정 장소나 사람에 대한 내면의 정신적인 지도를 반영한다."

- 주디 와이저

B. 집단 상담시 카드 사용법

B-1. 집단 상담의 진행 방법
Guide the Group Counseling Process in PhotoTherapy

1) 집단 내 상호 작용 및 관계 중심 진행

- 상호 작용 유도

  집단 구성원(이하 참여자)들이 상호작용하고 관계를 형성할 수 있도록 다양한 활동과 대화를 유도합니다.

- 나눔과 지지

  참여자의 표현이 활발히 나눠질 수 있는 환경을 조성합니다. 상호 이해와 지지를 강화합니다.

2) 적합한 사진 카드 구성

- 사진 카드 준비

  집단 상담의 목적에 맞게 100~150장의 다양한 사진 카드를 준비합니다. 이 사진들은 다양한 주제와 감정을 담고 있어야 합니다.

- 사진 배치

  사진 카드는 참여자들이 쉽게 접근할 수 있게 배치합니다.

3) 목적에 맞는 탐색카드의 제시문과 질문 활용

- 제시문 선택

  집단 상담의 목적에 맞는 제시문을 준비합니다. 탐색 카드를 활용한 제시문은 참여자들이 사진을 통해 자기 생각과 감정을 표현하는 데 도움을 줄 수 있는 단어나 문장으로 구성합니다.

- 질문 준비

  탐색 카드의 질문을 활용하면서 즉흥적으로 관련된 질문을 하여 참여자들이 자신의 내면을 탐색할 수 있도록 돕습니다. 예를 들어, "이 사진이 당신에게 어떤 의미가 있나요?"와 같은 질문을 사용합니다.

4) 안전한 환경 제공

- **심리적 안정**

참여자들이 진솔하게 표현할 수 있도록 심리적 안정을 느낄 수 있는 환경을 만듭니다. 이는 신뢰와 존중을 기반으로 한 분위기를 조성하는 것을 포함합니다.

- **비밀 보장**[46]

집단 상담 내에서 공유된 정보는 외부로 유출되지 않도록 비밀 보장을 해야하는 이유를 설명하고 권합니다.

5) 구조화, 반구조화, 비구조화 진행

- **구조화된 진행**

특정한 단계와 절차에 따라 진행되는 상담 방식입니다. 예를 들어, 단계마다(도입, 전개, 정리) 정해진 활동과 질문이 있습니다. 상담자가 전적으로 개입하여 진행합니다.

- **반구조화된 진행**

일부 구조는 있지만 유연하게 진행되는 방식입니다. 필요에 따라 계획된 활동을 조정할 수 있습니다. 상담자가 제안을 주지만, 열린 구조로 진행합니다.

- **비구조화된 진행**

계획된 구조 없이 자유롭게 진행되는 방식입니다. 참여자들이 자발적으로 참여하고 이끌어 나가는 형태입니다.

---

[46] 비밀 보장(Confidentiality)은 내담자의 동의 없이 사생활의 정보를 누설하지 않는다는 윤리원칙이다.
내담자의 사생활 보호는 인간의 도덕적인 권리이며 비밀 보장보다 우선시 된다.
비밀 보장은 신뢰관계를 형성하는 데 전제가 되어야 한다.

6) 제시문 제공 및 침묵 시간

• **제시문**

참여자가 사진을 선택할 때 도움을 줄 수 있는 제시문을 탐색 카드에서 골라 줍니다. 또는 참여자가 선택합니다.

• **침묵[47] 시간**

참여자가 사진을 선택하고 자신만의 생각과 감정을 떠올릴 수 있도록 충분한 침묵 시간을 제공합니다.

7) 사진 탐색 및 자유연상

• **사진 탐색**

참여자가 선택한 사진을 잠시 살펴볼 시간을 줍니다. 이 과정에서 사진에 대한 첫인상을 느끼고 감정을 떠올립니다.

• **자유연상**

참여자가 자신이 선택한 사진을 보며 자유롭게 연상할 수 있도록 돕습니다. 참여자가 자유연상을 하는 과정은 자신의 내면을 탐색하고 표현하는 데 중요한 단계입니다.

---

[47] 침묵은 의도적으로 말을 하지 않는 조용한 상태를 의미한다. 상담 과정에서의 침묵은 내면의 생각과 감정을 정리하는 데 도움을 주며, 의도적으로 조용한 상태를 유지할 수 있도록 한다. 또한, 침묵은 강력한 메시지를 전달할 수 있으며, 상황에 따라 다양한 의미를 가질 수 있다.

사진을 볼 때 연상되는 생각, 기억, 감정들은 보통 제멋대로 일어난다.
그리고 그러한 것들은 이미지 검사 자체보다 치료적으로 더 중요하다.

- 주디 와이저

B-2. 사진 카드 사용 방법
How to Use the Photo Cards
-

사진 카드를 활용한 집단 상담의 구체적인 방법을 다음과 같이 제안합니다.

1) 집단 인원수에 따른 사진 카드 조율

- **카드 종류와 수**

  집단 상담의 목적과 인원수에 맞춰 사진 카드의 종류와 선택의 수를 조율합니다. 인원이 많을수록 다양한 선택을 제공하기 위해 더 많은 사진 카드를 준비합니다.

- **충분한 사진 준비**

  참여자가 선택할 수 있는 충분한 사진 카드를 준비합니다. 동일 사진을 동시에 참여자가 선택할 수 있습니다. 이런 경우에는 대안으로 쓸 수 있는 사진을 준비하거나 동시에 같이 사용하도록 권합니다. 인원이 많은 경우, 사진 선택의 수를 최소한으로 정합니다.

2) 소통과 상호작용 촉진

- **이미지 선택**

  사진의 이미지는 참여자 간의 소통과 상호작용을 촉진합니다.

- **대화 유도**

  사진을 통해 참여자가 쉽게 대화를 시작할 수 있도록 유도합니다. 예를 들어, "지금, 고른 그 사진에서 어떤 감정을 느끼셨나요?"와 같은 질문을 합니다. 이런 질문은 참여자가 서로의 기분을 이해하고 상호작용을 할 수 있도록 돕습니다.

3) 관계 역동의 이해

- **역동 탐색**

  사진 이미지를 통해 참여자 간의 관계 역동[48]을 이해하고 탐색합니다. 특정 사진에 대한 반응을 통해 집단 내의 상호작용 패턴을 파악할 수 있습니다. 예를 들면, 사진을 보고 이야기하는 내용이 참여자마다 감정과 생각이 다르게 나타나는 것을 볼 수 있을 것입니다.

- **역동 분석**

  참여자가 사진을 통해 표현하는 관계 역동을 분석하고, 이를 바탕으로 집단의 상호작용을 돕는 방법을 모색합니다.

4) 감정, 기억, 신념, 가치관, 무의식 표현

- **감정 표현**

  사진 카드를 통해 참여자가 자신의 감정을 표현하도록 돕습니다. 사진 카드는 언어로 표현하기 어려운 감정을 시각적으로 드러내는 데 유용합니다.

- **기억과 신념**

  사진을 통해 과거의 기억이나 개인의 신념, 가치관을 떠올리고 표현할 수 있습니다.

- **무의식 탐색**

  무의식적으로 떠오르는 생각이나 감정을 사진을 통해 표현하고 탐색할 수 있습니다.

5) 다양한 관점과 경험 표현

- **다양한 관점**

  모든 참여자의 관점과 경험을 다양하게 표현할 수 있도록 관점을 수용하며 중립적인 태도를 유지합니다. 이는 참여자가 자신의 독특한 경험을 공유하는 데 도움을 줍니다.

---

[48] 집단 역동은 집단안에서 활동하는 힘으로 참여자와 상담자와의 상호작용으로 발생하여 나타난다. 집단상담의 리더는 집단의 성격과 방향에 많은 영향을 주며 개입과 중재로 치유와 변화를 주는 원동력이다.

- **다양한 표현**

사진을 통해 각기 다른 관점과 경험을 가진 참여자가 자신만의 이야기를 자유롭게 표현할 수 있습니다.

6) 상호관계 이해

- **경험 공유**

모든 참여자의 관점과 경험을 상호 관계 속에서 이해하도록 돕습니다. 서로 다른 경험을 공유함으로써 참여자 간의 이해와 공감을 증진합니다.

- **관계 심화**

사진을 매개로 한 대화를 통해 참여자가 서로의 경험을 깊이 이해하고, 이를 바탕으로 더 깊은 관계를 형성할 수 있습니다.

사진 해석에는 항상 치료자와 내담자 간의 협동이 필요하다.

- 주디 와이저

B-3. 상담자의 태도
Counselor's Attitude
-

사진치료를 진행하는 상담자의 태도는 집단 상담의 성공적인 진행과 참여자의 긍정적인 경험을 위해 중요합니다. 개인 상담에서 언급한 상담자의 태도를 기반으로 합니다.

1) 투사에 관한 이해

- **투사의 이해**

  참여자가 사진을 통해 자신의 감정과 경험을 투사하는 것을 이해하며 그로 인한 역동을 이해합니다. 이에 대해 비판적인 태도[49]를 보이지 않아야 합니다. 다른 참여자의 감정이나 생각을 비판하지 않도록 합니다.

- **주관적인 표현의 이해**

  투사된 내용을 평가하지 않고 경청하며, 내담자가 편안하게 자신을 표현할 수 있는 환경을 조성합니다. 이를 통해 참여자가 서로의 이야기에 귀 기울이는 분위기를 조성합니다.

2) 안정적이고 수용적인 태도

- **안정성 제공**

  참여자가 사진을 통해 자신을 표현할 때, 상담자는 안정적이고 수용적인 태도[50]를 유지합니다. 이는 내담자들이 자신을 안전하게 표현할 수 있도록 돕습니다.

- **공감과 수용**

  참여자가 표현하는 감정과 생각에 공감과 수용의 태도를 보입니다.

---

49) 비판적 태도는 합리적이고 논리적으로 사물과 행동에 관해 판단하는 것이다. 즉, 옳고 그름을 판단하여 잘못된 부분을 지적하는 태도이다.

50) 수용적 태도는 어떤 변화나 상황에도 잘 받아들이고 따르는 태도이다. 자기 수용이란 자기 생각, 느낌, 행동을 숨기지 않고 불편하거나 두려운 감정도 인정하고 받아들이는 태도를 말한다.

3) 자각 촉진

• **자각 유도**

참여자가 서로 소통하고 경험을 나누는 과정을 통해 스스로 자신을 자각하도록 돕습니다. 이것이 자기 이해와 성장으로 이어집니다.

• **반영 및 피드백**

참여자의 발언을 반영하고 적절한 피드백을 제공함으로써 자각을 돕습니다.

4) 자기 인식 지원

• **자기 인식 촉진**

모든 문제 해결의 답은 참여자가 스스로 인식할 수 있도록 돕습니다. 상담자는 안내자의 역할을 하며, 참여자가 스스로 답을 찾도록 지원합니다.

• **자기 탐색 유도**

질문과 반영을 통해 참여자가 자신의 내면을 깊이 탐색하고, 스스로 문제를 인식하고 해결할 수 있도록 유도합니다.

C. 상담자를 위한 사진치료 모형

-

MetaView 카드를 활용한 기본적인 사진치료 모형은 도입, 전개, 정리의 세 단계로 나눌 수 있습니다.

1) 도입 (Introduction) - 인사 나눔과 사진 선택

• **인사 나눔**

상담자는 내담자와 인사를 나누며 편안한 분위기를 조성합니다. 사진을 이용하여 상담 진행할 것을 안내하고 참여할 의사를 물어봅니다. 아이스 브레이크 Ice break 를 활용합니다.

• **목적 설정**

상담의 목적을 명확히 하고, 내담자의 상태에 따라 접근 방식을 결정합니다.

• **사진 선택**

라포형성과 내담자(참여자)의 탐색을 위해 자신의 감정이나 현재 상태를 나타내는 사진을 선택하도록 합니다. 이 과정은 내담자가 자연스럽게 상담에 참여하게 합니다.

2) 전개 (Development) - 중요한 주제 전개

• **주제 탐색**

선택한 사진을 활용하여 내담자가 자신의 마음을 표현하도록 돕습니다. 사진을 매개로 하여 내담자가 표현하고 싶은 주제와 관련된 감정, 생각, 경험을 이야기하도록 합니다.

• **공감과 수용**

상담자는 내담자의 이야기를 경청하고 공감하며, 내담자가 안전하게 자신의 내면을 탐색할 수 있도록 지원합니다. 이 과정에서 내담자는 자신이 존중받는다는 것을 느끼게 합니다.

3) 정리 (Conclusion) - 성찰과 배움

- **성찰**[51]

상담 과정에서 드러난 내용에 대해 내담자와 함께 성찰합니다. 내담자가 자신의 이야기와 경험을 다시 되돌아보며 배움을 얻을 수 있도록 돕습니다.

- **인정과 수용**

내담자가 자신의 감정과 경험을 인정하고 수용할 수 있도록 지원합니다. 이는 내담자가 자신의 문제를 해결하는 데 중요한 단계입니다.

- **구축**

상담에서 얻은 통찰과 배움을 바탕으로 내담자가 앞으로의 삶에서 어떻게 적용할지 계획을 세웁니다. 상담자는 내담자가 스스로 해결책을 찾아갈 수 있도록 안내합니다.

[51] 성찰(Reflection)은 자신의 마음과 행동을 깊이 돌아보는 것을 말한다. 자아 성찰은 자신의 마음에 대해 깊이 생각하고 뒤돌아본다는 의미이다.

MetaView 카드를 활용한 기본적인 사진치료 모형

단계	역할	내용
도입	상담자	인사하기 및 상담 진행 안내하기, 주 호소 경청하기
	내담자	인사 나누기 및 진행 안내 경청하기, 주 호소 나누기
전개	상담자	주제 관련 활동을 진행하기, 참여자의 내면 탐색과 표현 돕기
	내담자	진행 과정에 참여하기, 사진으로 내면 탐색과 표현하기
정리	상담자	활동에서 도출된 내용과 의미를 반영하기
	내담자	과정의 경험을 정리하기 (성찰, 앎의 인정과 수용, 적용, 변화)

다음은 세부 내용을 포함한 사진치료 모형입니다.

MetaView 사진 카드와 탐색 카드를 활용한 사진치료 모형

단계	항목	내용
도입	인사	· 인사 나누기 및 상담 목표 안내하기 · 아이스 브레이크 진행하기
	사진 찾기	· 사진 선택을 돕는 주제에 따른 제시문 제공하기 (탐색 카드 활용) · MetaView 사진 카드를 직관적으로 고르기
전개	묘사하기	· 시각적으로 사진에서 보이는 사진 전체와 부분을 묘사하기 · 내담자의 선택 및 표현 의도를 탐색하고 경청하기
	대화하기	· 주제에 따른 질문을 통해 내담자의 자각과 표현을 돕기(탐색 카드 활용) · 투사로 드러난 내면의 지도 탐색, 내면의 대화 유도, 상상력 촉진하기
	알아차림	· 자각을 통해 내면의 준거 틀에 따른 내담자의 반응과 지향성 자각 돕기 · 내담자의 표현을 통해 잠재력, 정체성, 자신의 모습을 자각하도록 돕기
	배움과 성찰	· 전 과정을 통해 현재의 어려움과 관련한 성찰과 통찰을 촉진하기 · 전 과정을 통합하여 정리하여 수용하도록 돕기
정리	인정과 수용	· 내담자가 알아차림 한 메시지(내용, 의미)를 이해하고 수용하도록 돕기 · 인지한 내용의 의미를 해석하여 수용하도록 돕기
	안정과 구축	· 확언을 통해 재구조화 및 심리 안정을 구축하기 · 다음 회기에 대한 안내 및 정리하기

다음은 각 과정(도입, 전개, 정리)에 대한 자세한 설명입니다.

1) 도입

- **인사 및 상담 목표 안내하기**
  - 내담자의 주 호소에 따른 상담 목표 및 진행 안내를 돕습니다.
  - 편안하게 긴장을 이완시켜주는 아이스 브레이크를 제공합니다.

- **사진 찾기**
  - 사진 선택을 돕는 제시문을 주고 참여자가 사진을 고르게 합니다. 예를 들면, "지금 나의 감정을 가장 잘 표현해 주는 사진을 직관적으로 고르세요!"

2) 전개

- **묘사하기(시각적인 요소)**
  - 내담자가 선택한 사진의 시각적 요소를 관찰합니다. 특히, 내담자가 집중하고 있는 부분에서 투사하는 내용을 주의 깊게 살펴봅니다.
  - 내담자에게 사진 선택의 이유를 질문하여 그 의미를 탐색합니다. 예를 들면, "어떤 사진인가요?", "사진의 어떤 부분이 가장 끌리나요?", "사진 안으로 들어가 보세요. 무엇이 보이나요? 어떤 느낌인가요?"
  - 내담자가 집중한 부분을 강조하여 그 의미를 표현하도록 합니다. 이때 다음과 같은 질문을 활용합니다. "그 부분이 상징하는 것이 무엇인가요", "그 사진을 보면서 무엇이 연상되나요?"
  - 사진을 객관적으로 바라보도록 유도합니다. 예를 들면 "이 사진을 객관적으로 설명해보세요. 이 사진이 무엇을 표현하고 있나요?"
  - 내담자의 표현에서 감정적으로 자극을 받는 부분에 집중합니다. 감정 반응이 가장 두드러지게 나타나는 시각적 요소를 탐색하며 질문합니다. 예를 들어, "그 부분을 보면서 어떤 감정이 드나요?", "그 감정이 어떤 의미가 있다고 생각하나요?"

- **대화하기(내면 탐색)**
  - 내담자가 투사한 사진을 통해 내면에서 일어나는 반응을 탐색하는 대화를 나눕니다.
  - 주제에 따른 질문으로 내담자의 내면 지도를 탐색하고 대화를 유도합니다.
  - 필요에 따라, 내면의 대화와 상상의 세계로 마음을 표현하게 합니다.
  - 사진을 보면서 자유연상으로 말하게 합니다.
  - 대화를 통해 내담자가 자신의 내면을 스스로 발견하도록 돕습니다.
  - 내담자 내면의 소리에 귀 기울여 대화를 나누도록 권합니다.
  - 내담자의 상상력을 촉진하여 이야기를 나눕니다.
  - 이야기에 공감과 수용적 태도로 경청하면서 대화를 나눕니다.
  - 탐색 카드의 질문을 적극적으로 활용하여 대화를 나눕니다.

- **알아차림(자각)**
  - 투사한 사진에서 내담자의 몸, 감정, 생각을 자각하도록 질문을 합니다. 예를 들면, 다음과 같은 질문을 할 수 있습니다.
    "사진을 보면서, 몸의 어느 부분에서 감각 반응이 있나요?"
    "어떤 감정이 느껴지나요, 어떤 생각, 기억이 떠오르나요?"
  - 대화하면서 놓칠 수 있는 몸, 감정, 의식 자각을 증진합니다.
  - 이야기하는 과정에서 욕구와 방향성을 찾아가도록 돕는 질문으로 대화를 합니다. 예를 들면, 다음과 같은 질문을 할 수 있습니다.
    "지금 기분은 어떤가요?, 자신이 어떻게 느껴지나요?"
    "지금 내가 원하는 것이 무엇인가요?"
    "지금 나에게 필요한 것은 무엇인가요?"
    "지금 내가 해야 할 것은 무엇인가요?"
  - 이 과정에서 자신의 욕구를 인식하고, 주체적으로 행동하며 책임감을 느끼도록 돕습니다.
  - 이 과정을 통해 원하는(필요한, 해야 하는) 내적 욕구를 더 깊게 찾도록 돕습니다.
  - 알아차림이 통찰로 연결되도록 돕습니다.

3) 정리

- **배움과 성찰**
  - 전 과정을 통해 배운 점, 성찰, 통찰을 살펴보게 합니다.
  - 자신의 어려움과 고통의 원인과 결과를 모두 이해하는 통찰을 얻도록 돕습니다. "자신을 위해 이제 무엇을 하고 싶은가요?", "오늘 대화로 자신에 대해 배운 점이 있나요?"

- **인정과 수용**
  - 내면의 자각을 통해 전달된 메시지를 인정하고 깊게 받아들이도록 돕습니다. "대화를 통해 새롭게 알게 된 것이 있나요? 어떤 메시지를 받았나요?", "그 메시지가 어떤 의미일까요?", "나를 위한 새로운 시작이 될까요?"
  - 참여자의 이야기와 반응을 공감, 반영, 재진술 또는 요약해 주면서 확인합니다.
  - 참여자가 스스로 반성하고, 긍정적인 확언을 하며, 계획을 세워 주요 내용을 수용하고 적용하여 변화를 이끌도록 돕습니다.

- **안정과 구축**
  - 지속적인 상태 변화와 안정을 위해, 배움과 성찰의 재정립을 돕습니다.
  - 필요하면 '확언'을 만들어 반복하여 인정과 깊은 수용을 돕습니다. "자신을 위한 격려의 말을 한 문장으로 정리한다면?"
  - 의식화된 무의식의 자각은 치유로 이어진다는 것을 알려주어 안정을 구축합니다.
  - 다음 회기에 대한 안내를 합니다. 상담에서 사용한 물품과 자리를 정리합니다.

투사용 사진치료 기법을 적용한 사진치료 모형은 하나의 예시입니다. 이 모형을 치유적으로 잘 활용하기 위해서, 사진에 투사된 내담자의 마음을 집중하여 직관적으로 봅니다. 특히 시각적으로 사진에 암시되어 있는 상징과 은유, 그리고 그 의미를 탐색해가는 과정에서 내담자의 내면의 지도와 틀을 살펴볼 수 있을 것입니다. 이 과정을 공감적인 대화로 나눠가면서 내담자가 스스로 자신을 알아차림 하도록 돕는 것이 사진치료사의 역할입니다.

"때로 내담자를 위해 할 수 있는 최선의 것은 아무것도 하지 않는 것이다.
사진치료를 할 때 최선은 단지 내담자를 홀로 자신의 사진과 함께 있도록 하고,
내담자가 자기 사진을 들여다보면서 내면의 대화를 발전시켜 나갈 때 방해하지 않고
그저 옆에 앉아 있는 것뿐일 수도 있다. 내담자와 사진이 서로 이야기를 나누고
감정을 교환하도록 허용하면서 치료사의 존재를 '침묵의 증인'으로 만들고
본질을 유지하면서 경험을 나누는 것이다."

- 주디 와이저

3. 어떻게 사용하나요? | How to Use It?

04. 자가 치유자를 위한 사용법

자가 치유 접근은 상담자 없이 개인이 스스로 MetaView 사진 카드와 탐색카드를 활용하여 자신의 치유와 성장을 도모하는 방법입니다. 이 장에서는 자가 치유자를 위한 접근 과정을 이해하기 쉽게 소개합니다. 이 접근법은 사진의 시각적 은유와 상징적인 힘을 활용하여 누구나 치유 경험을 할 수 있도록 돕습니다. 활동지를 활용한 예시는 자가 치유를 원하는 분들에게 유용할 것입니다. 또한, 치유 과정에서 어려움을 겪을 때 도움이 되는 방법도 함께 제안합니다.

자가 치유 과정

01	준비	무엇을 하고 싶은가요?
02	진행	사진을 고르고 내 마음의 반응을 살펴본다.
03	정리	경험한 내용을 성찰하고 치유일지에 정리한다.

1) 준비하기

- **편안한 공간**

  조용하고 방해받지 않는 공간을 마련합니다. 이 공간은 당신이 편안하게 집중할 수 있는 장소여야 합니다.

- **시간 설정**

  집중하여 몰두할 수 있는 안정적인 시간을 설정합니다. 상태와 상황에 따라 소요 시간이 다를 수 있습니다. 할 수 있는 시간만큼만 투자합니다.

- **사진 준비**

  활동에 사용할 사진 카드와 탐색 카드를 준비합니다. 처음 시작할 때는 관심이 가는 사진 종류와 주제의 탐색 카드를 선택합니다. 주제 선택이 어려운 경우, 모든 탐색 카드의 주제에서 1번 카드를 권합니다. 때로는 무작위로 탐색 카드를 골라서 시작해보세요.

- **마음의 준비**

  잠시 눈을 감고 깊게 숨을 쉬며[52] 마음을 가라앉게 합니다. 자신을 위해 무엇을 치유하고 싶은지 떠올려 봅니다. 그리고 자신을 치유하고자 하는 의지와 믿음을 다집니다.

2) 진행하기

- **사진 선택**

  MetaView 사진 카드 중에서 현재의 문제 해결과 상태의 변화를 위해서, 자신의 감정이나 상태를 잘 표현하는 사진을 선택합니다. 사진을 선택할 때 직관[53]을 따르고, 특별한 의미를 부여하지 않아도 됩니다. 또는 선택한 주제의 탐색 카드의 제시문을 읽고 사진을 선택합니다.

- **선택한 이유 탐색**

  선택한 사진을 바라보면, 왜 이 사진이 당신에게 의미 있는지 생각

---

[52] 심호흡은 편안한 자세로 코로 숨을 천천히 깊게 들이쉬고 입으로 천천히 숨을 내쉰다. 숨을 깊게 들이쉬고 내쉬면, 뇌에 산소를 공급하고 심박수를 안정시키며, 불안을 낮추고 스트레스를 줄인다.

[53] 직관(Intuition)은 판단이나 추리하지 않고 대상을 직접 파악하는 작용이다. 복잡한 과정 없이 순간적으로 판단을 내리는 것이다.

해봅니다. 사진이 당신에게 어떤 감정을 불러일으키는지 느껴봅니다. 탐색 카드 뒷면의 질문을 읽고 다른 사람을 의식하지 말고 솔직하게 대답합니다.

- **반응 관찰**

  사진을 보는 순간과 혼자만의 대화 중에 나타나는 반응에 주의를 두어 관찰합니다. 사진에서 떠오르는 신체 반응과 감정은 무엇인가요? 어떤 생각이 스치나요? 자신에게 일어난 모든 반응(신념, 욕구, 가치, 기억, 의식, 무의식)에 주의를 둡니다. 사진을 보며 느낀 감정과 떠오르는 생각을 노트에 기록합니다. 떠오르는 단어, 문장, 이미지 등을 자유롭게 적습니다.

- **심화 탐색**

  사진이 당신의 삶이나 경험과 어떻게 연결되는지 깊이 탐구합니다. 이 사진이 당신에게 어떤 의미가 있는지 생각해 봅니다. 혼자 작업을 하는 경우, 녹음하여 나중에 다시 들어 봅니다.

3) 정리하기

- **제목 정하기**[54]

  진행을 마친 후, 사진과 그 내용을 대표하는 제목을 붙입니다.

- **성찰과 배움**

  오늘 활동에서 떠오른 감정과 생각을 통해 새롭게 무엇을 배웠는지 성찰합니다. 이 경험이 자신의 내면을 더 깊이 이해하게 될 것입니다.

- **긍정 변화**

  사진으로 얻은 통찰이 앞으로의 삶에 어떻게 긍정적인 변화를 줄 수 있을지 계획을 세워봅니다. 구체적인 목표와 실천 방법도 생각합니다.

---

[54] 제목을 정하는 것은 간결하고 명확하게 내용을 압축하는 인지적인 작업이다. 사진에 제목을 정하는 것은 처음에는 부담되고 엄두가 나지 않을 수 있으나 제목을 정하면, 무의식의 의미를 통해 자신을 보기도 하며 새로운 의미가 생긴다.

• 감사와 마무리

　자신에게 감사의 마음을 전합니다. 이 과정을 통해 자신의 성장과 변화가 무엇인지 돌아봅니다.

• 정기적인 실천

　자가 치유를 정기적으로 실천하여 지속적인 성장을 도모해 보세요. 필요할 때마다 이 과정을 반복하여 자신을 돌봅니다.

• 물건 정리

　사용한 사진 카드와 탐색 카드를 정리하고 보관합니다.

　　사진치료는 사진을 보는 것을 전제로 합니다. 투사적 사진치료는 내가 무엇을 보고 말하고 싶은지 사진을 통해 묻고 대답하는 과정에서 시작됩니다. 치유적 사진치료는 사진을 통해 스스로 열린 질문을 던지고 가슴으로 그 답을 듣습니다.

　　우리가 보는 모든 것은 사실 내 안에 있는 것이라고 할 수 있습니다. 내가 부정적으로 바라보는 것은 내 안의 부정이 투사된 것이고, 긍정적으로 느끼는 것은 내면의 긍정이 있기 때문입니다. 그래서 슬픔이 있다면 그 슬픔이 사진에도 드러나고, 행복이 가득 차 있다면 모든 사진에서 행복을 발견하게 됩니다. 만약 내 안에 욕구나 풀지 못한 감정이 있다면, 그것을 일으키는 대상이 더욱 시선을 끌게 될 것입니다.

　　사진을 통한 치유 접근을 통해 내면의 잠재력을 믿어보세요. 자기 탐색에 대한 진지한 태도와 관심을 가지고 시도해 보신다면, 더 깊은 치유와 성장을 경험할 수 있을 것입니다. 당신은 사랑이고 빛입니다.

자기 치유 과정의 어려움과 한계를 만날 때

자가 치유 과정에서 긍정적인 효과를 경험한다고 해도, 때때로 어려움과 한계점을 만날 수 있습니다. 이 경우 전문가의 도움을 받는 것이 현명한 선택입니다. 하지만 전문가의 도움을 받을 수 없는 상황이라면, 다음과 같은 방법을 시도해 봅니다.

1) 시간을 두고 다시 보기

- **휴식 후 재탐색**

  일시적으로 치유 과정을 중단하고 휴식을 취한 후 다시 사진을 보며 응시해보세요. 내면에서 일어나는 반응을 탐색하고 현재의 삶과 연결하여 생각해보세요. 시간이 지나면서 새로운 통찰이 떠오를 수 있습니다.

- **감정의 변화 관찰**

  시간이 흐르면서 감정이나 생각이 어떻게 변화했는지 관찰합니다. 자신의 이해에 도움이 될 것입니다.

2) 기록하기

- **사진 일기 작성**

  자신의 감정과 생각을 글이나 사진으로 기록해 보세요. 사진으로 일기를 쓰듯이 기록해가면 자신의 상태를 객관적으로 바라볼 수 있습니다. 자신의 사진 일기에 반복적으로 나타나는 패턴(소재, 주제, 감정, 분위기, 색감 등의 반복)을 발견할 수 있습니다.

- **표현하기**

  감정과 생각을 구체적으로 표현하려고 노력합니다. 자신의 내면을 더 명확하게 이해하는 데 도움이 됩니다.

3) 객관화

• **제3의 시각**

자신을 제3의 시각에서 바라보려고 시도해 봅니다. 자신의 문제를 더 객관적으로 볼 수 있게 도와줄 것입니다.

• **대화하기**

신뢰할 수 있는 친구나 가족에게 자신의 감정과 생각을 나누어 보세요. 많은 도움이 됩니다. 위로와 조언을 받아보세요. 타인의 시각을 통해 새로운 통찰을 얻을 수 있습니다.

4) 긍정적 태도 유지

• **자기 수용**

치유 과정에서 나타나는 어려움과 한계점을 수용하고, 자신을 비난하지 마세요. 어려움도 치유 과정이라고 긍정적으로 인식하면 새로운 길이 열립니다. 어려움은 회피하지 않고 변화할 시점에 와 있음을 의미합니다.

• **작은 성과 인정**

작은 변화나 성과라도 반드시 인정하고 칭찬합니다. 동기부여를 높이고 지속적인 치유 과정을 도와줍니다. 모든 변화는 한 걸음에서부터 시작합니다.

자가 치유 과정에서 어려움과 한계점을 만났을 때, 위의 방법들을 시도합니다. 전문가의 도움을 받을 수 없는 상황에서도 꾸준한 탐색과 성찰을 통해 자신의 치유와 성장을 도모할 수 있습니다. 자신을 객관화하고 기록하는 습관은 큰 도움이 될 것입니다. 그러나 스스로의 한계를 느낀다면 혼자 해결하려 애쓰지 마세요. 도움을 요청하면 언제든 도와줄 수 있는 전문가들이 기다리고 있습니다. 필요할 때 요청하는 것은 용기 있는 치유의 첫걸음입니다. 다음은 자가 치유의 예시를 소개합니다.

1. 준비하기

지금부터 나를 위한 돌봄의 시간을 갖겠습니다.

안전한 공간에서 편안한 자세로 앉습니다.

눈을 감고 심호흡을 크게 세 번 합니다.

천천히 눈을 뜨고 먼저 나의 몸과 마음을 살펴봅니다.

사진으로 내 마음을 살펴보고 힘을 내어볼 준비가 되었나요?

준비가 되었으면, "준비가 되었다"라고 대답하고 시작해 볼까요?

2. 진행하기

사진을 앞에 펼쳐놓고 봅니다.

지금, 끌리는 사진 또는 내 마음을 잘 말해주는 사진을 한 장 고르세요. (또는 탐색 카드를 골라 제시문을 따라 사진을 골라 보세요.)

고른 사진을 가까이에서 보세요!

사진에 집중해서 봅니다.

어떤 사진인지 말해보세요.

말하면서 가슴으로 와닿는 느낌과 감정을 느껴봅니다.

어떤 느낌이나 감정이든 그대로 허용해 줍니다.

몸에서 일어나는 반응이나 감정 반응이 있나요?
어떤 기억이 떠오르나요?

그 내용을 적어보세요.

그 사진이 지금 나에게 뭐라고 말하는 것 같나요?

마음의 소리에 귀를 기울입니다.
떠오르는 대로 말을 해봅니다.

그 내용을 적어보세요.

사진 카드의 뒷면에 적힌 질문을 읽고 답해보세요.
하고 싶은 말이 있으면 충분히 해보세요.

"이 질문에 떠오르는 이야기가 있나요?"

나를 위해 해주고 싶은 말을 마음껏 해보세요.

그 내용을 적어보세요.

3. 정리하기

충분히 마음을 표현하셨나요?

지금 기분이 어떠세요?

그 내용을 적어보세요

_____

_____

_____

_____

_____

내가 지금 원하는 것이 있나요?
나를 위해 또는 누군가를 위해 무엇을 하면 좋을 것 같나요?

할 수 있는 일이고 바른길이라면 용기를 내세요.

그 내용을 적어보세요.

오늘 만난 사진에 제목을 정해볼까요?

오늘 새롭게 알게 된 내 모습이 있었나요?

지금, 이 순간 자신을 위해 해주고 싶은 말을 적어보세요.

나를 사랑하는 나, 어제보다 더욱 빛납니다.

사례 예시

오늘 마음이 답답했다. 작은 일에도 예민해지고 힘들었다. 사진을 골라보니, 물결이 흔들리는 사진이 눈에 들어왔다. 거친 물결이 흔들거리는 게 나처럼 느껴졌다. 사소한 일로 감정이 힘들었다. 언제나 안정이 되어 차분해질까? 나는 문제아야. 어린애야!

사진이 나에게 바람이 부는데 안 흔들릴 수 없다고 말한다. 당연하다고, 내 잘못이 아니라고 한다. 바람이 불어야 순환이 된다고. 내가 흔들거리는 것이 잘못이 아니라고 한다.

아! 나는 그동안 안 흔들리려고 애썼구나. 바람이 불어 흔들릴 수 있듯이, 작은 일에도 내가 예민해질 수 있는데, 마침 바람이 왔구나. 난 나를 애 같다고 야단치고 있었어, 이런 일에도 힘들어하는 나에게. 나 자신에게 미안해진다. 미안해. 내가 작은 일에 예민할 만큼 힘든 것을 알아주지 않고 야단까지 치다니. 미안해. 내가 왜 그런 일에 예민해지는지 나중에 좀 더 봐야겠다.

오늘 바람에 흔들리는 건 자연의 이치라는 것을 깨달았어. 나도 자연처럼 흔들리는 것이 잘못이 아니었어. 그래서 제목은 "흔들려도 돼!" 기분이 한결 낫다. 나에게 해주고 싶은 말은, 나를 좀 더 아껴줘야겠다. 괜찮아. 내 잘못이 아니야.

자가 치유 일지

오늘 날짜는?　　　　　　　　　　　　　　　　*20*　　.　　.　　.

지금 나의 기분 상태는?

지금 내가 원하는 것은?

사용한 도구	선택한 사진 카드	선택한 탐색 카드
	제목:	주제:　　　　　　　　No.
체험 내용	나의 신체, 감정, 기억, 의식, 무의식의 반응 기록하기	
성찰 내용	나의 배움, 치유, 성장과 변화 기록하기	
계획	지원·도움 :	
	방향성 :	

사진을 통해 마음 가는 대로 쓴 글은 있는 그대로의 나를 알게 하여 더욱 자신을 사랑하게 합니다. 몸과 마음, 영혼을 편안하게 치유로 이끌어갑니다. 전문가의 도움을 받고 싶다면, 일지를 정리하여 자료로 활용해 보세요. 전문가의 도움을 받을 때 유용하게 활용할 수 있을 것입니다.

통합 #3

긍정과 부정

좋아하는 사진 한 장,
싫어하는 사진 한 장을 고르세요.

메타뷰 사진치료 활동
MetaView PhotoTherapy Activities

PART IV

01.	Icebreakers	108
02.	여덟가지 주제에 따른 활동	134
	자각 - Awareness	136
	감정 - Emotion	150
	강점 - Talents	164
	신념 - Vision	178
	관계 - With my surroundings	192
	기억 - Memory	206
	무의식 - Exploring unconsciousness	220
	통합 - Integration	234

사진으로 대화할까요?
MetaView PhotoTherapy Workbook

#MetaView Photo Cards
#MetaView Exploring Cards

4. 메타뷰 사진치료 활동 | MetaView PhotoTherapy Activities

01. Icebreakers

MetaView 사진치료의 활동 4장은 심리 상담과 치유의 목적에 따라 활용할 수 있는 총 60개의 창의적인 사진치료 활동을 소개합니다. 첫 번째는 아이스 브레이크의 12개의 짧은 활동 Icebreakers이며, 두 번째는 MetaView 카드와 탐색 카드를 사용하는 8가지 주제의 48개의 활동입니다.

　본 워크북에서 제공하는 활동의 적용 범위는 개인과 집단, 다양한 이상 심리와 행동, 그리고 모든 연령대에 맞출 수 있습니다. 모든 활동마다 적합한 준비물, 활동의 목적과 효과, 진행 방법, 유의점과 응용, 그리고 활동을 이해하고 도울 수 있는 설명이 곁들여져 있습니다.

　이 모든 활동은 사진치료와 심리치료 기법을 바탕으로 진행자의 역량에 따라 다양하게 응용할 수 있습니다. 널리 알려진 상담기법인 정신분석, 대상 관계, 인지 행동 치료, 인본주의, 표현예술치료, 미술치료, 가족치료 및 명상 기법과 연결하여 활용할 수 있습니다. 상담 목적에 맞추어 활동 과정을 유연하게 주제와 결합하여 활용한다면 더욱 충분한 효과를 거둘 수 있을 것입니다.

아이스 브레이크 활동은 사진이 내면에 얼마나 흥미롭게 접근할 수 있는지를 보여줍니다. 개인이나 집단 상담의 초기 과정에서 사진을 매개로 하는 활동은 어색한 분위기를 풀어주고 관계 형성을 도와주는 역할을 합니다. 또한, 사진을 통해 마음을 표현하는 것이 얼마나 효과적인지를 경험하게 하는 활동입니다. 이를 통해 사진치료 접근에 대한 이해를 높이고, 주요 활동을 이끄는 마중물 역할을 할 것입니다.

아이스 브레이크 활동은 대략 5분에서 15분 정도 소요되며, 상담 도입부에서 주로 활용되는 활동입니다. 그러나 필요에 따라 새로운 참여자를 만나는 상담 초기 과정이나, 신체적으로나 심리적으로 집중에 어려움을 느끼는 내담자, 노약자, 어린이 및 병상에 있는 환자에게도 도움이 될 것입니다.

아이스 브레이크 활동 list

01	사진을 읽어봐요!	07	내가 좋아하는 것은?
02	자랑해 봐요!	08	사진으로 만나는 이야기
03	음악을 사진으로!	09	딱, 끌리는 사진 한 장!
04	사진으로 인사해 볼까요?	10	좋아하는 계절은?
05	감정을 찾아라!	11	추측 게임
06	지금, 나의 기분은?	12	감사하기

Icebreakers #01.   사진을 읽어봐요!

01   준비물
- MetaView 사진 카드
- A4 종이, 연필, 지우개

02   목적
- 사진의 비언어성을 경험하기
- 말하기와 듣기 능력을 향상하기

03   효과
- 보이는 대로 말하고 듣는 훈련하기
- 언어로 표현할 수 없는 사진의 풍부한 묘사력을 경험하기
- 사진을 언어화하는 데 느낄 수 있는 한계성을 인식하기
- 초등학생부터 성인까지 즐겁게 즐길 수 있는 활동을 경험하기
- 의사소통 능력 높이기

04   방법

❶ 짝짓기
- 두 명이 짝을 짓는다. 개인 상담의 경우 상담자와 짝을 짓는다.

❷ 사진 선택하기
- 사진 더미에서 상대방이 보지 않도록 무작위로 사진 한 장을 고른다.

❸ 경험하기
- 상대가 사진을 보지 못하게 가리고 다른 짝이 사진을 언어로 묘사한다. 다른 사람은 그 설명을 들으면서 그림을 그린다.

❹ 경험 나누기
- 역할이 끝나면 사진과 그림을 동시에 보여주면서 서로의 경험을 나눈다.

유의점
- 사진의 설명을 듣고 그리는 데 부담을 느끼지 않도록 안내한다. 특히 그림 그리기에 자신이 없는 사람들에게 중요하다.
- 다른 사람이 설명하는 말을 경청하는 태도를 격려한다. 상호 존중과 의사소통 능력을 키우는 데 도움이 된다.
- 말로 표현하기 어려운 것이 무엇인지 자각하도록 돕는다.

#01.
사진을 읽어봐요!

'사진을 읽어봐요' 활동은 사진이 언어와 얼마나 다른지를 깊이 있게 깨닫게 해줍니다.

이 세상에는 말로 묘사하기 어려운 것들이 많습니다. 해가 지는 하늘의 깊이감, 꽃과 풀잎의 미묘한 색채, 사랑하는 사람의 눈빛, 물결의 질감, 움직이는 몸의 형태, 공중에 무리 지어 날아가는 새 등 참 많습니다. 이런 모습은 시각적으로 실감 나게 존재하지만, 언어로는 쉽게 설명하여 전달하기 어렵습니다. 때로는 말하는 순간 그 느낌이 사라지거나 변형되기 일쑤입니다. 그러나 사진은 말로 재현할 수 없는 실재와 감정을 시각적인 묘사로 표현합니다.

이 활동은 사진을 말로 설명하도록 유도합니다. 말로 표현하는 순간, 사진이 얼마나 말로 표현할 수 없는 비언어적인 속성을 지니고 있는지를 빠르게 깨닫게 됩니다. 이를 통해 언어의 묘사력과 표현력의 한계를 절감하게 됩니다. 이러한 경험은 사진의 특징을 흥미롭게 이해하는 데 도움을 줍니다. 또한, 이 활동을 통해 상대방과의 소통이 얼마나 어렵고 노력이 필요한지를 자연스럽게 깨닫게 됩니다.

천 마디 말보다는 사진 한 장으로!

Icebreakers #02. 자랑해 봐요!

01 준비물
- 개인이 준비한 사진
- MetaView 사진 카드

02 목적
- 자존감 증진
- 상호 존중의 태도를 키우기

03 효과
- 타인에게 인정받는 긍정 경험
- 자존감 향상

04 방법

❶ 사진 선택하기
- 최근에 찍은 사진 또는 책상 위에 놓은 사진 더미에서 사진 한 장을 고른다.

❷ 사진 발표하기
- 자랑스럽게 생각하는 사진의 '부분'이나 마음에 드는 '내용'을 말한다. 예를 든다면, 찍은 장소, 소재, 색감, 분위기, 순간 포착의 외형적인 요소 또는 의미 있게 기억하고 있는 내용을 말한다.

❸ 공감과 존중하기
- 다른 사람은 발표자의 생각과 그 의미를 인정하고 칭찬한다.

유의점

사진 선택에 부담을 느끼지 않도록 돕는다.
- 참여자가 준비된 사진을 선택하거나 고를 수 있도록 한다.

긍정적이며 진정성 있는 칭찬을 권장한다.
- 칭찬은 결과보다 과정(변화)에 초점을 두고 한다.
- 발표자가 자신을 더 긍정적으로 바라볼 수 있도록 돕는다.

#02.
자랑해 봐요!

'자랑해 봐요' 활동은 사진을 이용해 내면의 긍정적인 가치를 강조하고 자존감을 높이는 데 목적이 있습니다.

우리가 찍은 사진에는 각자의 특별한 '가치'가 담겨 있습니다. 특히 자랑하고 싶은 사진에는 긍정적인 관점을 반영합니다. 나를 자랑하라고 하면 쑥스러움이 느껴지지만, 마음에 드는 사진을 보여달라고 하면 자신도 모르게 긍정적인 표현이 쉽게 나오게 됩니다.

자신이 찍은 사진을 자랑스럽게 이야기하는 내담자의 모습을 보는 것은 행복합니다. 우리가 사진을 보여주면서 평가받는 경험은 사실 즐겁지 않습니다. 성장을 위한 지적과 품평보다는 먼저 자신이 가치 있게 생각하고 소중하게 여기는 것이 무엇인지 살펴보는 것이 성장의 지름길입니다.

주디 와이저는 "긍정적인 반응을 만드는 자기 직면은 다른 과정이 도저히 할 수 없는 방식으로 내담자의 자존감을 강화한다"라고 말합니다. 자기 직면은 부정적인 것만이 아닌 긍정적인 것에서도 자신 있게 이루어져야 합니다.

"칭찬은 고래도 춤추게 한다." 사진을 통해 가치를 인정하고 칭찬을 주고받는 릴레이로 자존감을 높여보세요.

Icebreakers #03. **음악을 사진으로!**

---

01 준비물
- MetaView 사진 카드
- 음악 (쉽게 이해하고 함께 즐길 수 있는 음악)

02 목적
- 음악과 사진의 연결을 통해 개인의 표현력을 높이기
- 감수성 훈련

03 효과
- 사진과 음악으로 감정과 느낌을 표현할 수 있는 경험하기
- 사진을 통해 음악에 대한 반응(인상, 느낌) 경험하기

04 방법

❶ 사진 준비하기
  - 준비한 사진을 책상 위에 펼쳐놓는다.

❷ 음악 듣기
  - 참여자에게 심호흡을 유도하여 마음을 차분하게 안정시킨다.
  - 쉽게 이해하고 즐길 수 있는 곡을 선택하여 음악을 들려준다.

❸ 사진 선택하기
  - 음악을 들으면서 음악이 주는 느낌과 감정을 표현할 수 있는 사진을 찾게 한다.

❹ 경험 나누기
  - 돌아가면서 자신이 고른 사진과 그 사진을 선택한 이유를 말하며 경험을 나눈다.

유의점

쉽게 이해하고 즐길 수 있는 대중적인 음악을 준비한다.
- 참가자들이 음악에 더 쉽게 몰입할 수 있도록 돕는다.

음악과 관련된 사진을 선택하고 의견을 나눌 때, 다른 감정과 표현에 대해 이해하고 수용하도록 안내한다. 이를 통해 참가자들이 서로의 표현을 존중하고 다양한 시각을 배울 수 있다.

#03.
음악을 사진으로!

'음악을 사진으로' 활동은 사진과 음악을 연결하여 놀이하듯 재미를 느끼고, 다양한 감정을 표현하는 데 목적이 있습니다.

"이 음악을 들으면서 느껴지는 감정이나 생각을 표현해 주는 사진을 골라보세요."

누구나 다 아는 부드러운 클래식 음악이나 대중음악이 흐르는 순간, 그 공간은 새로운 분위기로 전환됩니다. 반복적인 일상과 수업에 지쳐 있던 학생들은 음악의 파동에 어깨를 들썩이고 감성이 풍부해집니다. 심리 상담에 찾아온 내담자들 역시 음악을 듣는 순간, 잠시 어려운 상황과 고민을 잊어버립니다. 이렇게 긍정적인 흐름에 잠시 몸과 마음을 맡기면서 음악과 관련된 사진을 고르게 합니다.

음악을 들으면서 사진을 찾게 하는 제안에 대부분의 참여자들은 음악에 흥미를 느끼며 경쟁적으로 사진을 찾아냅니다. 이 순간은 모두가 각자 다른 고유한 세상에 살고 있다는 '같음'과 '다름'을 동시에 느끼게 하는 순간입니다. 같은 음악에서 느껴지는 각 개인들의 반응은 항상 흥미롭게 보여집니다. 이를 통해 나와 다른 사람들이 얼마나 같으면서도 다를 수 있는지를 이해하게 되면, 마음의 그릇이 넓어질 것입니다.

누구나 아는 음악을 즐겁게 들려주고, 사진을 골라보게 해 보세요. 요구하지 않아도 사진에 집중하여 고르는 놀라운 일이 순식간에 벌어질 것입니다. 이 활동은 모든 참여자가 함께 즐기면서 배우는 경험이 될 것입니다.

Icebreakers #04. **사진으로 인사해 볼까요?**

01 준비물
- MetaView 사진 카드
- A4 종이, 스카치테이프

02 목적
- 사진으로 나를 소개하는 경험하기
- 표현력 높이기

03 효과
- 쉽게 사진으로 자신을 표현하는 편한 경험하기
- 형식적인 자기소개의 어려움과 불편감 해소하기
- 사진으로 나를 표현하는 즐거움을 느끼기

04 방법

❶ 사진 준비하기
  - 사진을 책상 위에 펼쳐놓는다.

❷ 사진 선택하기
  - 심호흡을 한 후, '지금의 나'를 말해주는 사진을 한 장 고르게 한다.

❸ 사진 붙이기(제시하기)
  - A4 종이를 세 번 접어 삼각형으로 세운 한 면에 사진을 테이프로 붙여 보여준다.
  - 사진을 붙이기 어려운 경우, 사진을 다른 사람에게 보일 수 있게 놓는다.

❹ 소개하기
  - 사진으로 자신을 소개한다.
  - 이 사진이 왜 나를 소개하는데 적합한지 그 이유를 말한다.

유의점
- 사진으로 소개하는 '오늘의 나'는 '전체의 나'의 한 '부분'임을 인식하게 돕는다.
- 소지하고 있는 신분증이나 얼굴(프로필) 사진을 활용할 수 있다.
- 개인의 인생을 이야기하는 주 활동으로 확장하여 진행할 수 있다.

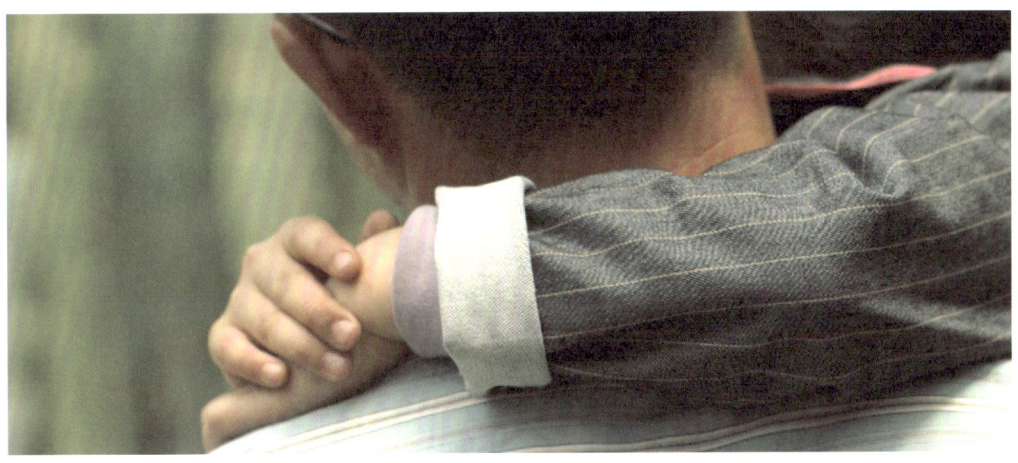

#04.
사진으로
인사해 볼까요?

'사진으로 인사해 볼까요?' 활동은 사진이 자신을 소개하는 데 말보다 훨씬 많은 정보를 쉽게 전달해 준다는 것을 깨닫게 해준다.

사진으로 자신을 소개해 본 적이 있나요?

'지금의 나'를 말해주는 사진을 골라 자신을 소개하면, 단순히 '나는 누구'라고 말하는 것 이상의 실제적인 정보가 전달됩니다. 사진으로 표현된 '나'의 이미지와 시각 정보는 말로 이야기하는 것과 비교할 수 없을 만큼 많은 것을 전달합니다.

이 활동을 할 때마다 사람들의 반응은 호기심으로 가득 차 있습니다. '사진으로 인사해 볼까요?' 활동을 집단상담에서 할 때마다 자주 듣는 말이 있습니다. 그동안 내가 알던 사람이 아닌 '새로운 그'를 알게 되었다는 것입니다. 물어보지 않으면 거의 알 수 없는 이야기들을 알게 되는 것이죠.

이 활동을 위해 개인적으로 보여주고 싶은 준비된 사진이 없으면, 신분증이나 얼굴 사진으로 자신을 소개할 수도 있습니다. 이런 경우, 찍힌 자기 모습이 마음에 들지 않아 남들에게 보여주기 불편하게 느낀다면, 어떤 모습을 보여주고 싶은지 그 속마음을 물어보며 이야기 해 보도록 권하세요. 그 마음에 공감하면서 사진으로 자기소개를 하도록 하면 긍정적인 자신의 이미지를 강화할 수 있을 것입니다. 이 활동은 집단상담에서 사람들 간의 신뢰를 쌓고, 서로의 이야기를 나누는 데 큰 도움이 될 것입니다.

4-01. Icebreakers

Icebreakers #05. 감정을 찾아라!

01 준비물
- MetaView 사진 카드
- 포스트잇 또는 작은 종이, 연필과 지우개

02 목적
- 사진으로 감정 단어 찾기
- 감정의 표현

03 효과
- 사진으로 감정을 느끼는 경험을 하기
- 사람마다 느끼는 감정이 같거나 다름을 경험하기
- 사진을 이용한 감정 표현을 경험하기

04 방법

❶ 사진 준비하기
- 진행자가 사진 더미에서 사진 한 장을 골라 책상 위에 놓는다.

❷ 사진에서 감정을 찾아 적기
- 참여자는 사진에서 느껴지는 감정 단어를 찾아 각자 포스트잇에 적는다.

❸ 감정 단어 제출하기
- 참여자가 동시에 자신이 적은 포스트잇을 놓는다.

❹ 경험 나누기
- 돌아가면서 자신이 선택한 감정 단어를 간단하게 소개하며 나눈다.

유의점
- 표현을 돕기 위한 감정 단어 리스트를 제공한다.
- 한 사진에 여러 감정을 표현할 수 있으며, 때때로 감정 표현이 힘든 사람도 있다.
- 감정 자각을 높이는 사진을 더 많이 제공하면 더욱 많은 감정을 촉진할 수 있다.

#05.
감정을 찾아라!

"감정을 찾아라" 활동은 사진을 통해 감정을 자각하고 느끼는 과정을 흥미롭게 경험하게 해줍니다.

"지금 어떤 감정을 느끼세요?"

우리는 자신의 감정을 충분히 자각하지 못하고 지내는 경우가 많습니다. 세상 살기가 바빠서 감정에 빠질 여유가 없다고 말하는 분들을 많이 봅니다. 그렇다고 감정을 무시하고 살아가기엔 우리의 가슴은 감정적입니다.

무작위로 고른 사진을 보고 각자가 느낀 감정을 표현하는 이 활동은 자신이 느낀 감정을 확인할 기회를 제공합니다. 똑같은 사진을 보고도 "나는 이렇게 느꼈는데, 저 사람은 나와 다르구나"라는 경험은 작은 충격을 줄 수 있습니다. 나와 다른 감정을 느끼는 참여자와 대화를 나누면서, 사진마다 다양한 감정이 담길 수 있으며, 개인마다 다르게 느끼고 표현할 수 있다는 이해와 인식 능력이 자라납니다.

많은 사람이 감정 표현에 어려움을 겪고, 심지어 머리로 하는 '생각'과 가슴으로 느끼는 '감정'을 혼동하기도 합니다. 감정을 생각처럼 말하거나 제대로 느끼지 못하면, 의사소통과 대인 관계에 어떤 어려움이 생길까요? 갈등과 반목이 생길 수 있습니다. 사진으로 감정 표현을 연습해 보세요. 자신의 감정을 더 잘 표현할수록 공감 능력도 크게 향상될 것입니다. 감정은 가슴으로 대화하는 따뜻하고 사랑스러운 마음입니다.

Icebreakers #06. 지금, 나의 기분은?

01 준비물
- MetaView 사진 카드

02 목적
- 사진으로 지금의 기분을 표현하기

03 효과
- 사진으로 '지금, 이 순간'의 감정을 표현하기
- 개인이 느끼는 감정의 정도를 스스로 점검하기
- 사진을 이용한 감정 표현에 익숙해지기
- 감정 자각과 표현 능력의 증진

04 방법

❶ 사진 준비하기
- 진행자가 대표적인 감정을 불러일으키는 사진 6장~10장을 제시한다.

❷ 사진 선택하기
- 심호흡을 한 후, 지금의 기분과 가장 가까운 사진을 찾게 한다.

❸ 경험 나누기
- 참여자는 자신이 선택한 이유를 간단하게 말한다.
- 감정 레벨이 1(낮음)부터 10(높음) 사이 중 어디에 해당하는지 점검한다.

유의점
- 감정 단어 리스트를 제공하여 감정 표현을 돕는다.
- 개개인의 감정 상태는 허락 없이 공개하지 않는다.
- 매회기마다 감정 상태를 점검하는 용도로 활용한다.

#06.
지금, 나의 기분은?

'지금, 나의 기분은?'
활동은 자신의 감정 상태를
자각하는 데
큰 도움을 줍니다.

지금, 나의 감정 상태는 안정적인가요?

현재 이 순간에 머물며 자신의 감정을 점검하는 것은 항상 유익합니다. 우리가 느낄 수 있는 미묘한 감정을 표현하는 것은 나를 알고 감정을 조절해 가는 경험이기 때문입니다. 감정은 말로 다 표현할 수 없는 영역이고, 사진도 비언어적인 표현이기 때문에 감정과 사진은 잘 연결되어 소통할 수 있습니다.

사진으로 먼저 지금의 감정을 표현한 후, 감정 레벨을 점검하는 것은 본 상담에 들어가기 전에 내담자를 이해하는 데 유익합니다. 기분이 좋더라도 어느 정도로 기쁜지, 우울하다면 어느 정도로 힘들고 지쳐 있는지, 슬프다면 그 또한 어느 정도로 가슴이 슬픈지를 파악하는 것이 중요합니다.

우리가 자신의 감정 상태를 살피는 것은 감정을 조절하는 능력을 강화하는 방법입니다. 감정의 강도를 수치화하는 순간, 섬세한 감정을 더 선명하게 인식할 수 있습니다. 하루에도 수십 번 또는 자주 변화하는 감정을 자각해보세요. "내 감정이 이 정도구나"라고 인정하게 되며, 주관적인 감정을 객관적으로 바라보게 됩니다. 감정의 흐름을 자각하고 그 변화와 패턴을 이해하게 된다면, 건강한 감정을 유지하는 데 큰 힘이 될 것입니다. 지금 나의 감정을 사진으로 표현해 보세요.

Icebreakers #07. **내가 좋아하는 것은?**

01 준비물
- MetaView 사진 카드
- 다양한 잡지 사진
- 개인이 찍거나 소장하고 있는 사진

02 목적
- 좋아하거나 흥미가 있는 것을 탐색하기
- 긍정적인 경험 강화하기

03 효과
- 내면의 욕구 표현과 긍정성 자각을 높이기
- 취향과 관심사 발견하기
- 감정 조절 능력 향상
- 창의력과 상상력의 자극
- 마음 안정과 휴식

04 방법

❶ 사진 준비하기
  - 사진을 책상 위에 펼쳐놓는다.

❷ 사진 선택하기
  - 심호흡을 한 후, 좋아하는 사진 또는 오래 보관하고 싶은 사진을 3장 고른다.

❸ 경험 나누기
  - 무엇을 좋아하고 관심을 두는지 서로 보여주면서 나눈다.
  - 고른 사진에 공통적인 특징이 있는지 살펴 이야기 나눈다.
  - 좋아하는 것과 관련된 이야기가 있는지 나눈다.

유의점
- 특별히 애착하는 것이 있는지 살핀다.
- 원하는 만큼 사진을 선택하는지 살핀다.
- 사진을 선택하는 데 어떤 어려움이 있는지 살핀다.

**#07.
내가 좋아하는 것은?**

이 활동은 자신을 긍정적으로 알아가는 힐링의 시작이 됩니다.

내가 좋아하는 것을 떠올리는 것만으로도 우리는 행복해집니다. 이 활동을 할 때마다 사람들의 얼굴이 환해지는 모습을 자주 볼 수 있습니다. 사진으로 내가 좋아하는 것을 고르고 감상하는 시간은 우리의 마음을 살짝 흥분시키고 활성화하기 때문이지요. 특히 좋아하는 사진에서 연상되는 긍정적인 기억이나 상상은 삶에 활력을 불어넣고 감정 조절 능력도 높이게 됩니다.

무엇보다도, 좋아하는 사진을 고르는 것은 자신의 취향과 관심사를 명확하게 인식하고 표현하는 데 도움을 줍니다. 만약 좋아하는 것을 떠올리고 좋아하는 사진을 고르는 데 어려움을 느낀다면, 긍정적인 기억을 떠올릴 수 있도록 잠시 심호흡을 하고 안정을 취하길 권합니다. 긴장이 높거나 우울할 때는 긍정적인 기억이나 좋아하는 것이 존재하지 않는 것처럼 느껴질 수도 있습니다. 그러나 우리의 삶에는 좋아하는 것이 싫어하는 것만큼 있다는 사실을 잊지 마세요.

내가 좋아하는 것이 무엇인지 구체화하는 과정은 자신감을 높여주고, 자신을 알아가는 과정으로 이어집니다. 자신에 대한 인정과 확인, 긍정적인 감정을 통해 행복을 경험하는 것은 집단 활동을 시작할 때 긍정적인 신호로 작용할 것입니다.

Icebreakers #08. 사진으로 만나는 이야기

01 준비물
- MetaView 사진 카드

02 목적
- 사진으로 이야기하기

03 효과
- 사진으로 '과거 한때'의 이야기 표현하기
- 사진으로 기억 회상하기

04 방법

❶ 사진 준비하기
   - 사진을 책상 위에 자유롭게 펼쳐놓는다.

❷ 사진 선택하기
   - 심호흡을 한 후, 특정 시기의 자신을 상징하는 사진 한 장을 고르게 한다.
     예) 중학교 때의 나, 사회 초년생의 나, 시험 보기 직전의 나

❸ 사진으로 이야기하기
   - 사진을 이용하여 그 시절의 이야기를 가볍게 말하게 한다.
   - 말하기 불편해하는 경우, '한 문장'으로 말하게 한다.

유의점
- 부담을 느끼지 않도록 떠오르는 대로 간단히 말해도 된다고 권한다.
- 한 문장으로 이야기하기를 어려워하는 경우 '한 단어'로 말하게 돕는다.
- 순서대로 말하기 어려워하면, 시간을 두고 생각할 시간을 주기 위해 뒤로 순서를 돌린다(통과한다).

**#08.
사진으로 만나는 이야기**

이 활동은 사진이 얼마나 즉각적으로 말하게 하는지를 알게 해줍니다.

사진은 내면의 표현을 돕는 훌륭한 심리 도구입니다. 사진은 감정과 기억을 쉽게 떠올리게 하며, 자연스럽게 이야기를 끌어내는 강력한 자극을 제공합니다. 그래서 주디 와이저는 "사진을 볼 때 연상되는 생각, 기억, 감정들이 보통 제멋대로 일어난다"라고 말합니다. 평소에 잊고 지낸 과거의 기억도 사진을 통해 단서를 얻는다면, 현재로 소환되어 술술 이야기를 풀어가게 됩니다.

사진으로 표현되는 한때 나의 모습은 구구절절 설명하지 않아도 순식간에 의미가 전달됩니다. 개구쟁이 어릴 때의 모습이나 학창 시절의 모습을 보여주는 내담자는 해맑기도 하면서 할 말이 많은 어린아이처럼 쉬지 않고 이야기하는 모습을 자주 보게 됩니다. 서로를 알아가는 시간이 필요하다면, 사진으로 이야기를 나눠보세요. 나와 상대방의 이해를 돕고, 관계를 부드럽게 만듭니다.

이 과정은 상담 초기에 상담자와 내담자 간의 관계 형성에 도움이 됩니다. 서로의 마음을 점차 조용히 열게 하며, 이 활동을 통해 사진은 단순한 이미지 이상의 역할을 하게 됩니다. 사진은 인간관계의 깊이를 더하고 감정적 소통을 원활하게 하는 중요한 매개체로 작용합니다. 이 활동으로 사진의 가치를 직접 느껴보세요.

Icebreakers #09.   딱, 끌리는 사진 한 장

01   준비물
- MetaView 사진 카드

02   목적
- 사진으로 '지금의 나'를 자각하기

03   효과
- 사진으로 '지금의 자신'에 관한 이야기 표현하기
- 사진을 이용하여 지금의 자신을 돌아보는 성찰하기
- 사진에 반영되는 '내면의 나'를 자각하기

04   방법

❶ 사진 준비하기
  - 사진을 책상 위에 자유롭게 펼쳐놓는다.

❷ 사진 선택하기
  - 심호흡을 한 후, 지금 자신에게 끌리는 사진 한 장을 고르게 한다.

❸ 질문으로 대화 나누기
  - 진행자는 "왜 그 사진이 끌렸나요?"라고 내면을 탐색하게 하는 질문을 한다.
  - 참여자에게 다음과 같은 예시를 준다.
  - "내가 이 사진을 고른 것은 00이(가) 끌려서입니다."
  - "이 사진의 00에 끌린 것을 알아차렸어요."
  - 참여자가 사진을 보면서 끌린 이유를 자유롭게 말하게 돕는다.

유의점
- '지금의 나'를 상징적으로 표현하는 것에 초점에 둔다.
- 끌리는 이유를 말하기 어려워하는 경우 사진에서 끌리는 부분을 찾아 응시하게 하여, 나타나는 반응을 자연스럽게 자각하게 돕는다.
- 사진에 애착을 보이면 사진을 복사해 주어 소유하는 충족감을 돕는다.

#09.
딱, 끌리는
사진 한 장

'딱 끌리는 사진 한 장'의 활동은 현재의 나, 즉 지금의 자신에게 초점을 맞추도록 돕습니다.

우리는 종종 현재에 머물지 못하고, 다양한 생각과 상황, 감정에 휘둘려 뜬구름처럼 살아가기 쉽습니다. 이러한 이유로 '지금, 딱'이라는 키워드를 통해 현재 이 순간에 머물게 하는 여러 방법이 필요합니다.

사진치료는 지금 내 눈에 끌리는 감각적인 것에 초점을 두어 현재의 나를 바라보게 합니다. 시각에 주의를 기울여 알아차리면, 지금 자각하는 '나'의 모습을 명확하게 볼 수 있을 것입니다.

이 활동은 현재 자신에게 초점을 두는 동시에 사진에 투사하는 마음을 알아가게 합니다. "지금 어떤 사진이 눈에 딱 끌리나요?" 끌림이 주는 힘은 저절로 자신의 내면을 만나게 합니다. 가슴에서 움직이는 감정, 떠오르는 생각이나 기억을 탐색하게 하며, 그 결과 단지 끌리는 사진을 골랐음에도 현재의 나를 더욱 깊이 있게 바라볼 기회를 제공합니다.

Icebreakers #10. 좋아하는 계절은?

01 준비물
- MetaView 사진 카드

02 목적
- 사진으로 감각 깨우기

03 효과
- 사진으로 느낄 수 있는 모든 감각적인 기억을 깨우기
- 긍정적인 사진이 일깨우는 감각의 다양한 반응 경험하기

04 방법

❶ 사진 준비하기
  - 사진을 책상 위에 자유롭게 펼쳐놓는다.

❷ 사진 선택하기
  - 참여자가 좋아하는 일 년의 한 계절이나 시간 때를 사진으로 고르게 한다.

❸ 질문으로 대화 나누기
  - 참여자에게 특별히 좋아한 계절과 시간의 감각 기억을 불러일으키는 질문을 한다.
  - "무엇을 보았나요? 느꼈나요? 어떤 색깔, 소리, 기후, 기억이 연상되나요?"
  - 참여자가 사진을 보면서 감각적으로 떠오르는 것을 알아차림 하도록 돕는다.

유의점
- 자유롭게 다양한 경험을 연상할 수 있게 권한다.
- 안전한 환경에서 깨어난 감각과 감정, 기억을 수용하도록 돕는다.

#10.
좋아하는 계절은?

'좋아하는 계절은?' 활동은
누구나 쉽게
자신의 감성과 선호도를
표현하게 합니다.

처음 누군가를 만나 대화를 쉽게 하는 방법으로 날씨에 대해 말하는 것이 좋다고 합니다. 개인적인 정보를 묻는 것보다는 공통의 주제를 이야기하는 것이 더 말하기 쉽기 때문입니다. 이처럼 계절이라는 키워드를 활용하여 사진으로 대화를 시작하는 것은 안전하고 편안함을 줄 수 있습니다.

한국인인 우리는 봄, 여름, 가을, 겨울의 사철을 두루 경험하는 복 받은 사람들입니다. 누구나 보편적으로 경험하는 '계절'이라 하더라도, 자신만이 느낄 수 있는 계절의 감각적인 요소(시각, 청각, 촉각, 후각)와 고유한 이야기가 담겨 있습니다. 이를 사진으로 표현하는 경험은 감수성을 높이고 자신감을 심어줄 수 있습니다. 물론, '계절'의 키워드를 한 계절로 축소해도 무방합니다. 이러한 방식으로 특정 장소의 아침, 점심, 저녁, 밤 등 다양한 시점을 주제로 하여 그에 따른 이야기를 유도할 수 있습니다.

사진을 통해 감각을 일깨우면 개인적인 경험이 다양하게 쏟아져 나옵니다. 이는 상담 초기에 집단의 분위기를 편안하게 하면서 서로를 조금씩 알아가는 좋은 기회가 될 수 있습니다. '좋아하는 계절' 활동은 참여자들이 자신을 표현하고, 타인을 이해하는 데 도움을 주는 소중한 경험이 될 것입니다.

Icebreakers #11. 추측 게임

01 준비물
- MetaView 사진 카드

02 목적
- 사진으로 나를 표현하기
- 사진으로 다른 사람의 관점을 이해하기
- 상호 이해 증진과 의사소통 기술 향상

03 효과
- 자기 인식과 자신감 향상하기
- 서로의 선호도를 알아가면서 관계 강화하기
- 효과적인 의사소통의 기술 기르기
- 서로 다름을 자각하면서 상대의 이해를 높이기

04 방법

❶ 사진 준비하기
  - 진행자가 4~5장의 사진을 사진 더미에서 무작위로 선택하여 책상 위에 놓는다.

❷ 사진 선택하기와 그 이유 적기
  - 참여자는 사진 중에서 자신이 가장 좋아하는 사진을 고르고, 그 이유를 종이에 적는다.

❸ 추측과 그 이유 적기
  - 각 참여자는 다른 구성원(가족)이 가장 좋아할 사진이 무엇인지 추측하고 그 근거 또는 이유를 상대가 보이지 않게 적는다.

❹ 발표하기
  - 돌아가면서 자신이 좋아하는 사진을 말하고 그 이유를 말한다.
  - 다른 구성원은 참여자의 발표를 들으면서, 자신의 추측과 이유가 어떻게 같거나 다른지 살펴본다. 이 과정에서 서로 다름과 같음이 무엇인지 자각하도록 한다.

❺ 질문으로 대화 나누기
  - "내가 추측한 것과 무엇이 같고 다른가요? 그 이유가 왜 생겼을까요?"

유의점
- 추측과 사실은 다르다. 바른 이해와 소통을 위해 판단 없는 태도를 기르게 돕는다.
- 상대가 고른 사진의 이유를 듣고 타인의 이해를 높이도록 돕는다.

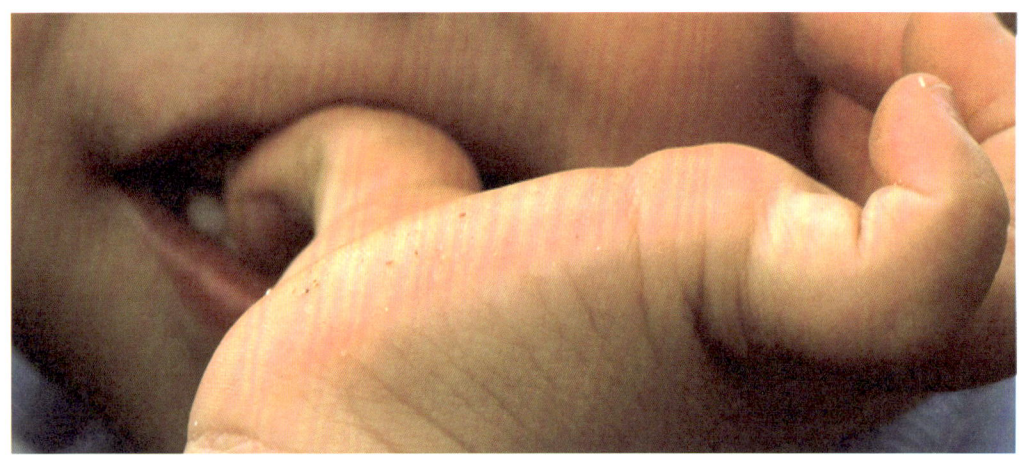

#11.
추측 게임

사진으로 하는 '추측 게임'은 서로의 내면을 표현하고 이해하는 데 매우 유익한 집단 활동입니다.

인간은 생각하는 동물입니다. 무언가를 보는 순간, 우리의 머릿속은 상상하고 추측하며 계획을 세우고 판단을 내리기 쉽습니다. 이 과정에서 상대를 있는 그대로 보지 못하고, 추측하고 왜곡하여 단정 짓는 오류를 자주 일으키기도 합니다.

이 활동은 참여자에게 자신의 추측과 판단이 근거 없는 주관적인 생각, 즉 '인지 오류'의 가능성을 알려줍니다. 누군가를 충분히 잘 이해하기 위해서는 상대에게 겸손하고 존중하는 태도로 접근해야 한다는 것을 깨닫게 합니다. 만약 자신의 추측이 잘못되었다면, 그 이유를 호기심과 탐구하는 태도로 이해하려고 노력해 보세요.

서로의 관점을 존중하고 다름을 이해하면서 우리는 마음의 깊이를 넓히고 깊게 할 수 있습니다. 이 활동은 의사소통할 때 판단하지 않고 경청하는 태도를 키우는 좋은 경험이 됩니다. 가족이나 친구와의 긍정적인 상호작용을 촉진할 것입니다. 인간관계의 유대감을 강화하는 데 도움이 되는 활동으로, 대인 관계의 어려움을 겪는 분들에게 효과적입니다.

Icebreakers #12. 감사하기

01 준비물
- MetaView 사진 카드

02 목적
- 사진으로 감사하기
- 긍정적인 감사의 태도 높이기
- 삶의 질 향상 돕기
- 부정 정서 완화하기

03 효과
- 긍정 경험 강화하기
- 긍정 관계 형성 돕기
- 긍정적인 내면의 가치 강화하기
- 부정 편향을 교정하기
- 우울과 불안의 감정을 안정하기
- 부정적 감정을 완화하기

04 방법

❶ 사진 준비하기
- 사진을 책상 위에 자유롭게 펼쳐놓는다.

❷ 사진 선택하기
- 심호흡을 한 후, 감사와 관련한 제시문을 주어 사진을 고르게 한다.
- "오늘 하루를 돌아보고 감사한 일 3가지를 떠올려본다."
- "오늘 나의 하루에 감사와 관련된 사진을 3장 골라보세요"

❸ 질문으로 대화 나누기
- "무엇에 감사한가요? 그 이유는 무엇인가요?"

유의점
- 감사의 이유를 구체적으로 말하도록 돕는다.
- 감사의 의미를 일깨워 준다.

**#12.
감사하기**

'감사하기' 활동은
마음 공간을
성숙하게 돕습니다.

감사하는 마음은 높은 에너지 수준을 지니고 있습니다. 일상에서 아무리 힘들고 짜증 나는 일들로 삶이 고달프더라도, 고마운 사람들 덕분에 내가 더 힘들지 않고 편안하게 살아가고 있음을 깨닫게 되면, 부정적인 기운이 누그러집니다.

사실, 찾아보면 감사할 일이 의외로 많습니다. 지금 부귀영화를 누리지 못한다고 해도, 이렇게 눈으로 글을 보고 읽고 말하며 생각할 수 있는 것만으로도 대단히 감사할 일이지요. 사진으로 감사의 감정을 표현하는 것은 이러한 감사의 감정을 긍정적으로 증대시키고, 스트레스와 우울감을 줄이는 효과가 있습니다.

"감사합니다"라고 마음을 표현하는 순간, 누군가와의 관계가 더욱 친밀하고 돈독해집니다. 이렇게 형성된 부드러운 분위기는 서로의 마음을 더 깊이 열 기회를 줍니다. 사진으로 '감사하기' 활동은 감사하다는 표현을 넘어, 개인의 감정적 안정과 사회적 유대감을 강화하는 중요한 역할을 합니다.

감사합니다!

4. 메타뷰 사진치료 활동 | MetaView PhotoTherapy Activities

02. 여덟가지 주제에 따른 활동

8가지 핵심 주제인 '기억, 감정, 강점, 자각, 신념, 무의식, 관계, 통합'은 심리치료에서의 성장, 즉 통합의 방향성을 가지고 있습니다. 각 주제에 따른 활동은 자각에서 시작하여 통합의 과정을 지향합니다. 사진 카드와 탐색 카드를 결합한 워크북의 모든 활동은 사진을 이용하여 질문할 수 있도록 구성되어 있습니다. 이러한 8가지 주제로 이끄는 활동은 MetaView의 의미와 연결되며, 심리치료에서 주요하게 다루는 주제를 사진치료 개입으로 창의적으로 연결한 것입니다. 특정 주제를 강조한 각 활동은 주요 문제를 집중적으로 다룰 때 큰 도움이 될 것입니다.

　모든 주제는 서로 긴밀하게 연결되어 있으며, 하나의 주제가 다른 주제에 영향을 미치고 상호작용하는 유기적인 관계를 형성하고 있습니다. 따라서 특정 주제로 시작하더라도, 연결되는 다른 주제들과 결합하여 활동을 응용하면 더욱 효과적일 것입니다.

8가지 주제를 중심으로 한 활동들은 심리치료에서의 회복과 성장을 효과적으로 끌어내고자 기획되었습니다. 각 주제를 독립적으로 탐구하면서도, 상호 연결된 다른 주제들과의 융합을 통해 깊은 통찰과 치유를 경험해 보시기 바랍니다.

MetaView 탐색 카드 주제 및 방향성

자각	자각은 치유의 첫걸음이다. 몸부터 자각하여 감정, 의식, 영성까지 알아차림하여 통합하도록 돕는다.
감정	감정은 치유 회복의 핵심이다. 감정의 자각과 표현은 내면의 깊은 이해와 통찰을 이끈다.
강점	강점은 내면의 기반을 강하게 키운다. 강점은 자존감 형성과 가치관 정립을 위한 내적 세계 구축 강화를 돕는다.
신념	신념은 바른 사고와 가치관을 형성하며, 행동과 선택, 삶의 방향에 영향을 준다. 신념을 통해 자아개념과 삶의 의미를 탐색하고 인지 재구조화를 돕는다.
관계	삶에서 관계는 치유와 인격 성장에 매우 중요하다. 관계는 가족, 부모, 애착 관계를 탐색하면서 심리 안정을 조화롭게 추구한다.
기억	기억은 문제 해결의 단서 역할을 한다. 기억을 통해 왜곡과 축소된 인식을 재구조화하여 바른 이해를 통한 현실 적응을 돕는다.
무의식	무의식은 의식하지 못한 의식으로 의식에 큰 영향을 준다. 사진의 은유와 상징의 시각 요소가 무의식을 촉진하여 의식화하도록 돕는다.
통합	통합은 모든 양면성을 의식적으로 균형 있게 보도록 한다. 문제와 상황을 전체적으로 이해하고 의식 확장을 이끈다.

자각
Awareness

#1~6

자각 #1	자각 #2	자각 #3
눈의 자각	**감각 자각**	**감정 자각**
눈을 감고 눈동자의 움직임을 느껴보세요.	눈길을 강하게 끄는 사진을 고르세요.	시선이 자주 가는 사진을 고르세요.

자각 #4	자각 #5	자각 #6
내면 자각	**의식 자각**	**영성 자각**
나에게 질문을 하는 듯한 사진을 고르세요.	힘든 사건이나 시간 또는 사람을 상징하는 사진을 고르세요.	영성이 느껴지는 사진을 한 장 고르세요.

단계	1	2	3	4	5	6
주요 내용	눈의 자각	감각 자각	감정 자각	내면 자각	의식 자각	영성 자각

자각은 무엇일까요? 세계적 영적 스승인 에크하르트 톨레_{Eckhart Tolle}는 "현재 순간을 인식하는 것이 진정한 자각의 시작"이라고 말합니다. 또한 마샤 리네한_{Marsha Linehan}는 "자각은 자신을 이해하고 변화할 수 있는 힘을 준다"라고 강조합니다. 명상을 대중화한 존 카밧진_{Jon Kabat-Zinn}은 "자각은 우리의 삶을 깊이 있게 경험하게 해준다"라고 말합니다. 이들은 모두 자각의 중요성과 그로 인해 얻을 수 있는 내면의 이해를 강조하고 있습니다.

사진을 보는 순간, 우리는 자연스럽게 무엇인가를 자각하게 됩니다. 우리의 두 눈이 사진에 집중되는 순간, 감각적이고 무의식적인 반응이 일어나며, 우리의 영혼 깊은 곳까지 영향을 미치게 됩니다. 이러한 순간의 자각은 심리치료에서 중요한 역할을 하며, 긍정적인 심리 변화를 유도할 수 있습니다.

심리치료에서 자각은 개인이 자신의 감정, 생각, 그리고 주변 환경을 더 깊이 이해하도록 돕습니다. 사진을 보면서 이러한 자각을 경험하는 것은 감각적 자극이 우리의 무의식적인 반응을 끌어내어 심리적 변화를 촉진하기 때문입니다. 이를 통해 우리는 더 나은 자기 이해와 감정 조절이 가능합니다.

자각을 주제로 구성한 활동은 신체의 일부인 눈에서 시작하여 영성의 자각에 이르기까지 다양한 자각 단계를 사진을 통해 탐색합니다. 이 활동은 눈의 감각에서 시작하여 점차 감각, 감정, 내면, 의식, 영성 자각까지 포함합니다. 이러한 단계적 자각 활동은 우리의 신체적, 감정적, 심리적, 그리고 영적 자각을 증진하는 데 큰 역할을 할 수 있습니다.

자각 #1
눈의 자각
Awareness Theme Based Activity 1

목적 • 눈의 자각

효과 • 눈의 움직임 자각

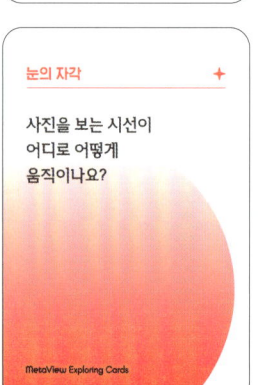

1 준비하기
- MetaView Photo Cards
- 사진을 책상 위에 펼쳐놓는다.

2 눈의 자각 돕기
- 눈을 감고 눈동자를 움직이게 하여 눈의 움직임을 자각하게 한다.
- 눈을 뜨고 사진을 보는 시선이 어디로 어떻게 움직이는지 알아차림을 권한다.

3 질문으로 대화하기
- 사진을 보면서 눈 감각의 알아차림을 물어본다.
- "사진을 보는 시선이 어디로 어떻게 움직이나요?"
- "시선이 고정되는 곳이 어디인가요?"

유의점
- 눈 감는 것을 거부하면 눈동자를 움직여서 감각을 자각하게 한다.
- 사진마다 시선의 이동이 흐름을 가지며 방향이 모두 다르다는 것을 경험하게 한다.

응용
- 여러 사진을 보면서 각기 다른 시선의 움직임을 경험한다.

시각 매체를 활용한 사진치료의 첫 활동은 '눈의 자각'이다.

눈의 자각 활동은 눈동자의 움직임을 인식하는 것으로 시작됩니다. 사진을 볼 때 우리의 눈이 어떻게 움직이는지, 어떤 부분에 집중하는지를 자각하는 데 초점을 둡니다.

"눈을 감아보세요."

사람들은 이 말에 조용히 눈을 감고 눈동자를 움직입니다. 처음으로 눈동자의 움직임을 느끼는 것처럼 눈의 감각을 깨우게 됩니다. 그 감각을 유지한 채로 눈을 뜨고 사물을 바라보면, 눈이 내 생각과 상관없이 어딘가로 움직이는 것을 느끼게 됩니다. 우리는 사실 눈을 감지 않으면 눈의 감각을 느낄 수 없을 만큼 감각을 놓치고 살아갑니다. 천천히 눈을 감고 눈의 움직임을 보듯, 세상을 천천히 경험하는 이 활동은 세상을 새롭게 보게 합니다. 모든 것을 처음 보는 듯한 경험이 됩니다.

이 활동은 우리가 일상 속에서 놓치기 쉬운 감각을 되찾고, 더 깊이 있는 자각을 할 수 있도록 돕습니다. 눈의 움직임을 인식하는 것은 단순한 관찰을 넘어, 우리 자신과 주변 세계에 대한 새로운 인식을 가능하게 합니다. 이는 사진 치료의 첫 단계로, 이후의 신체 자각, 감정 자각, 내면 자각, 의식 자각, 영성 자각으로 이어지는 중요한 출발점이 됩니다.

자각 #2
눈의 자각
Awareness Theme Based Activity 2

목적 • 신체 감각 자각

효과 • 사진 끌림이 주는 신체 반응을 자각하기   • 신체와 마음의 연결을 강화하기
• 스트레스 줄이기   • 자존감 높이기

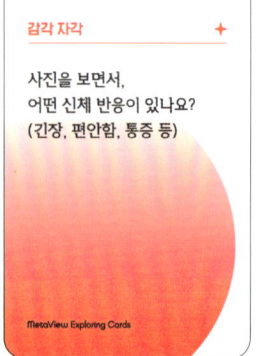

1 준비하기
- MetaView Photo Cards
- 사진을 책상 위에 펼쳐놓는다.

2 사진 선택하기
- 많은 사진 중에서 눈길을 강하게 끄는 사진 한 장을 고르게 한다.
- "지금 내 눈길을 강하게 끄는 사진을 고르세요"라고 권한다.

3 질문으로 대화하기
- 선택한 사진을 보면서 신체 반응이 있는지 살피며 대화를 나눈다.
- "사진을 보면서, 어떤 신체 반응이 있나요?"
- 몸에 긴장, 땀, 심장박동, 통증, 편안함 등을 물어보면서 반응을 감지하게 한다.

유의점
- 신체 반응은 자연스러운 현상이며 나타난 반응을 그대로 인정하도록 돕는다.

응용
- 사진마다 다른 신체 반응을 자각하여 관련 이야기를 나눈다.
- 가족사진을 보면서 몸의 반응을 자각하게 한다.

**'신체 자각' 활동은 눈길을 강하게 끄는 사진에서
몸의 반응을 자각하는 과정을 알아차리는 것이다.**

이 활동은 사진을 보면서 느껴지는 몸의 반응, 즉 특정 부위의 긴장이나 이완, 감각의 변화 등을 인식하는 것이 핵심입니다. 사진이 촉진한 몸의 반응을 통해 신체화 현상과 심리적인 연결이 어떻게 있는지 알아차리는 것입니다. 시선이 움직이는 곳에는 감정과 생각이 있으며, 그에 따른 감각 반응이 따라오기 때문입니다.

"사진을 보면서 어떤 신체 반응이 있나요?"라는 질문은 사진을 통해 신체 감각을 새롭게 보게 합니다. 긴장과 스트레스는 우리의 몸을 굳게 만들어도 주의를 두지 않는다면 자각하지 못한 채로 일상을 불편하게 살아가기도 합니다. 신체에서 일어나는 모든 반응은 명상에서처럼 주의 깊은 관찰이 필요합니다. 사진으로 몸의 반응을 자각하는 순간, 정신적인 평온과 명료함을 얻게 됩니다. 자신이 어떤 것에 긴장하는지를 인식하게 되면 스트레스를 줄이고 더 나은 편안한 상태를 유지하려고 노력하게 됩니다.

사진을 통해 몸의 감각을 감지하는 것은 대처 능력을 높이는 데 도움이 됩니다. 몸과 마음, 자존감을 높이기 위해 먼저 눈의 자각에서부터 신체의 감각을 자각해 봅시다.

자각 #3
감정 자각
Awareness Theme Based Activity 3

목적 • 감정의 자각과 표현

효과 • 사진으로 감정을 자각하여 표현하기
• 감정 인식을 통해 자기 이해 높이기
• 건강하게 감정 표현하여 수용하기

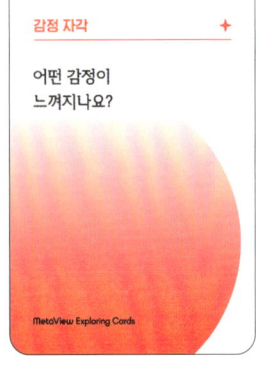

1 준비하기
- MetaView Photo Cards
- 사진을 책상 위에 펼쳐놓는다.

2 사진 선택하기
- 시선이 자꾸 가는 사진을 고르게 한다.

3 질문으로 대화하기
- 사진에서 발견할 수 있는 여러 감정에 관해 표현하게 한다.
- "어떤 감정이 느껴지나요?"
- 감정을 스스로 인정하고 수용하도록 대화를 나눈다.

 **유의점**
- 어떤 감정을 표현하든 중립적인 태도로 존중한다.
- 감정을 판단하지 않고 그대로 느끼도록 감정에 잠시 머물게 돕는다.
- 신체 반응과 함께 감정 자각을 느낄 수 있다.

 응용
- 한 장의 사진에서 나타날 수 있는 여러 감정을 탐색한다.

**'감정 자각'은 사진을 통해 특정 감정을 느끼고
이를 이해하는 과정이다.**

상담 중에 "오늘 기분이 어떠세요?"라고 물으면, "맨날 똑같아요"라고 대답하는 내담자를 자주 만나게 됩니다. 분명 오늘 날씨는 어제와 다르고 매일 새로운 사건과 사고가 발생하는데도 그들은 늘 똑같다고 말합니다. 과연 기분이 정말 똑같을까요? 재차 물어보면 감정이 잘 느껴지지 않는다고, 무덤덤하다고 답하기도 합니다. 우리가 감정을 알아차리면 어떻게 될까요? 감정을 알아차리면 이를 조절하여 표현할 수 있으며, 대인관계의 갈등을 해결할 수 있는 능력도 높아집니다. 따라서 사진이 불러일으키는 감정을 명확히 인식하고 표현하는 것이 중요합니다.

감정을 자각하는 것은 삶의 질을 높일 수 있습니다. 감정을 더 잘 느끼기 위해서는 감정에 대한 이해와 연습이 필요합니다. "늘 똑같다"라고 하는 말은 사실 감정에 대해 제대로 자각하지 못하고 있음을 의미합니다. 감정은 단순한 기분이 아니라 신체의 반응으로 나타납니다. 심장이 뛰고 땀이 흐르며 근육이 이완되거나 수축하는 등의 형태로 나타납니다. 자신의 감정에 주의를 기울인다면 느낄 수 있습니다. 상대적으로 감정을 잘 느끼는 사람들은 스트레스가 낮고 창의적이며, 삶을 활기차고 생생하게 경험하면서 살아갑니다.

지금 나의 감정은 어떠한가요? 사진을 한 장 앞에 놓고 그대로 머물러 느껴보세요. 두려움이 온다면 자신의 감정에 집중하여 느껴보세요. 자신의 살아있는 감정을 알아간다면, 삶의 여러 면에서 긍정적인 변화와 성장이 일어날 것입니다.

자각 #4
내면 자각
Awareness Theme Based Activity 4

목적 • 의식의 자각과 표현

효과 • 사진으로 내면을 자각하기   • 심리 정서적 건강 증진

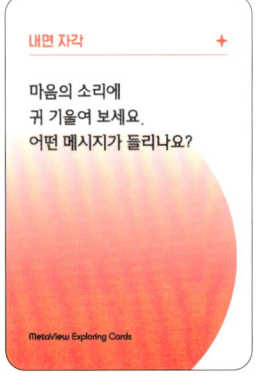

1 준비하기
- MetaView Photo Cards
- 사진을 책상 위에 펼쳐놓는다.

2 사진 선택하기
- 자신에게 말을 거는 듯한 사진을 고른다.
- "나에게 질문을 하는 듯한 사진을 고르세요."

3 질문으로 대화하기
- 사진이 어떤 질문을 하는지 마음의 소리에 귀 기울여 들어 보게 한다.
- 고른 사진을 보면서 떠오르는 생각을 말하게 도우면서 대화를 나눈다.
- "마음의 소리에 귀 기울여 보세요, 어떤 메시지가 들리나요?"

유의점
- 마음으로 질문과 대답을 해가는 과정이 어렵게 느껴진다면, 천천히 시간을 두면서 마음을 열어보길 권한다. 또는 어려움을 느끼는 이유를 탐색하는 시간을 갖는다.
- 신체, 감정, 생각의 반응에 "그렇구나" 하며 알아차림과 수용을 돕는다.

응용
- 사진을 응시하면서 사진 속 대상과 마음의 대화를 나누게 한다.

**'내면 자각'은 내면 체계에서 일어나는 감정의 원인과 반응,
생각의 경로, 행동의 동기 등의 패턴을 파악하는 과정이다.**

"사진이 말을 한다고요? 사진과 대화를 하라고요?"

마음의 소리에 귀를 기울이고 어떤 메시지가 들리는지 들어보라는 제안에 당황스러워하는 반응을 보이기도 합니다. 처음에는 의아하게 들릴 수 있습니다. 그러나 이 제안에 아무 말 없이 바로 사진에 몰입하여 사진 속 누군가와 대화를 나누는 사람들도 있습니다. 사람마다 반응이 다를 수 있지만, 그 결과의 의미는 매우 깊습니다.

내면 자각은 특정 상황에서 왜 그렇게 자신이 반응하는지를 이해할 수 있게 돕는 활동입니다. 내면의 심리 패턴을 인식하면 행동이 변화할 수 있으며, 이는 자기 이해와 성장에 중요한 역할을 합니다.

사진으로 하는 마음의 대화는 명상과 유사한 효과를 줍니다. 마음의 소리는 나를 위한 소리를 내며, 마음의 평온과 안정을 가져다줍니다. 심지어 지금 겪고 있는 어려움에 대한 해결책을 제시하기도 합니다. 마음의 소리에 귀 기울여 내면에서 떠오르는 생각과 감정을 자유롭게 표현해 보세요. 이렇게 함으로써 창의력과 상상력이 솟아나고 스트레스의 긴장은 저절로 내려가 안정감을 줄 것입니다. 결국, 지혜로운 나 자신을 만날 수 있을 것입니다.

자각 #5
의식 자각
Awareness Theme Based Activity 5

목적 • 의식적으로 감각, 감정, 생각의 알아차림

효과 • 깨어있는 의식의 자각 • 기억의 의식 자각 • 감정, 생각의 깊은 이해
 • 정서적 안정 • 창의력 향상

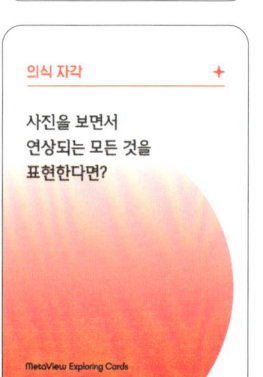

1 준비하기
- MetaView Photo Cards
- 사진을 책상 위에 펼쳐놓는다.

2 사진 선택하기
- 자신에게 힘든 사건이나 시기 또는 사람을 상징하는 사진을 선택하게 한다.
- "힘든 사건이나 시기 또는 사람을 상징하는 사진을 고르세요."

3 질문으로 대화하기
- 사진을 보면서 연상되는 모든 것을 표현하도록 질문한다.
 "사진을 보면서 연상되는 것을 모두 말해보세요."
 "사진을 보면서 연상되는 것을 적어보세요."

유의점
- 사진에서 떠오르는 연상을 브레인스토밍하듯이 그대로 표현하게 한다.
- 자유롭게 생각을 표현할 수 있도록 격려하고, 어떤 생각이든 존중해 준다.

응용
- 사진에서 연상되는 내용을 글로 적어본다.
- 사진을 보면서 떠오르는 생각과 감정, 연상을 글로 표현하여 더 깊이 있는 성찰과 이해를 돕는다.

'의식 자각' 활동은
자각하는 모든 과정을 의식적으로 바라보는 것이다.

살면서 어려움은 피할 수 없습니다. 우리의 현실은 피하고 싶다고 피해지고, 원한다고 해서 주어지지 않습니다. 과거의 어려움을 돌아보면서 그때의 감정과 생각을 얼마나 이해하고 수용했는지를 돌아보세요. 새롭게 인식하게 됩니다. 시간이 아무리 많이 흘러도 사진을 통해 떠오르는 기억은 여전히 생생할 수 있습니다. 그때 알아주지 못하고 억눌렸던 감정이나 꿈이나 욕망이 있었는지 살펴보세요. 만약 그것을 알아차리면 치유의 과정을 촉진하게 됩니다.

어려운 시기를 통해 성장한 지금의 나를 돌아보세요. 과거에 하지 못했던 것을 이해하고 인정해 봅시다. 이렇게 함으로써 자신감과 자존감이 올라가고, 미래의 어려움에 도전할 힘을 갖게 됩니다. 의식 자각의 과정을 통해 우리는 더 나은 자신으로 나아갈 기회를 찾게 됩니다.

힘든 사건과 시간을 상징하는 사진을 보면서 연상되는 것을 표현하는 이 활동은 사진을 통해 감각, 감정, 생각 모두 자각해 보는 데 중점을 둡니다. 자각의 모든 과정을 더 명확히 하면 자신을 더 깊이 이해하는 데 도움을 줄 것입니다.

자각 #6
영성 자각
Awareness Theme Based Activity 6

목적 • 영성의 자각

효과 • 영성을 촉진하여 자각하기

1 준비하기
- MetaView Photo Cards
- 사진을 책상 위에 펼쳐놓는다.

2 사진 선택하기
- 영성을 깨우는 사진을 찾아보게 한다.
- "나의 영성(사랑, 행복, 신성, 일체감, 조화, 평화)이 느껴지는 사진을 고르세요."

3 질문으로 대화하기
- 사진이 자신의 영성의 어떤 면으로 연결되는지 질문해 간다.
- "나에게 영성이란?"
- "영성과 삶의 목표가 어떻게 관련되나요?"

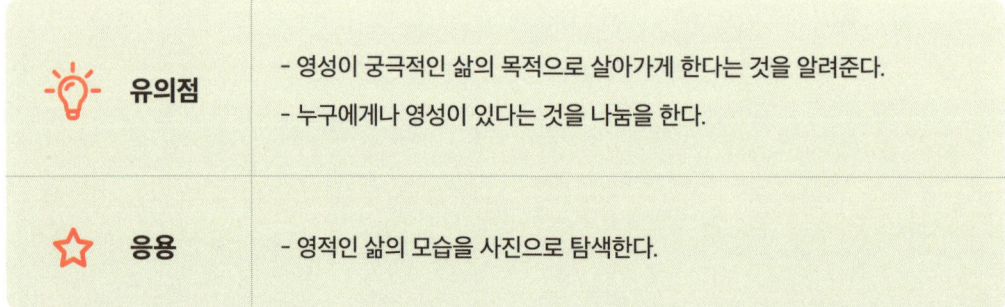

💡	**유의점**	- 영성이 궁극적인 삶의 목적으로 살아가게 한다는 것을 알려준다. - 누구에게나 영성이 있다는 것을 나눔을 한다.
☆	**응용**	- 영적인 삶의 모습을 사진으로 탐색한다.

'영성 자각'은 영성을 일깨우는 활동이다.

영성 자각은 보이지 않는 세계, 영적인 의식에 대한 자각까지 포함하는 과정입니다. 영성은 모든 자각 단계를 포함하며, 궁극적인 본성인 사랑, 행복, 안정과 평화로움을 만나는 길입니다. 이를 통해 자신과 세계와의 깊은 연결을 느끼고, 더 큰 의미와 목적을 찾는 데 도움을 줍니다.

사진으로 영성을 탐색하고 표현해 볼까요? 그러기 위해 참여자에게 자신의 영성과 삶의 목표를 연결하여 깊은 성찰을 유도하는 질문을 던집니다.

"나에게 영성이란?"

이 질문은 인생의 어느 시점에서 한 번쯤 생각해 볼 필요가 있습니다. 사진의 시각적 자극을 통해 영성에 대한 인식을 깨워 볼까요? 누구에게나 존재하는 영성이 나에게는 어떻게 느껴질까요? 이에 대해 나누다 보면, 공동체에서 보이지 않던 깊은 연결감을 느낄 수 있을 것입니다.

나는 사랑, 행복, 신성, 일체감, 조화, 평화를 어떻게 원하고 있나요? 이를 위해 지금 나의 삶을 어떻게 꾸려가고 있나요? 이러한 질문을 통해 우리는 자신의 내면을 탐색하고, 삶의 방향성을 찾는 기회를 가질 수 있습니다. 영성 자각은 개인의 성장뿐만 아니라, 공동체와의 연결을 통해 더 깊은 의미를 발견하게 해줍니다.

감정
Emotion

#1~6

감정 #1	감정 #2	감정 #3
감정 반응	**감정 표현**	**감정 바퀴**
눈을 감고 사진 한 장을 골라보세요.	긍정과 부정의 감정을 표현한 사진을 고르세요.	최근에 느꼈던 감정을 사진으로 골라보세요.

감정 #4	감정 #5	감정 #6
감정 다루기	**감정 공감**	**감정 통합**
불편한 느낌을 주거나 보기 싫은 사진을 고르세요.	지금, 강하게 끌리는 사진을 한 장 고르세요.	최근의 나의 감정을 말해주는 사진을 고르세요.

단계	1	2	3	4	5	6
주요 내용	감정 반응	감정 표현	감정 이해	감정 다루기	감정 공감	감정 통합
구분	감정 탐색과 표현			감정의 치유		통합

"감정은 우리의 진실한 자아를 드러내는 거울이다"라는 심리치료사 루이스 헤이 Louise Hay의 말은 우리가 자신을 알아가는 데 감정의 중요성을 잘 강조하고 있습니다. 심리치료에서 감정의 자각과 표현은 진실한 자아를 찾아가는 중요한 첫걸음이며, 감정은 우리의 내면을 이해하는 중요한 단서로 작용합니다.

사진은 감정을 자각하고 표현하는 데 큰 역할을 합니다. 사진의 시각 요소는 은유와 상징적인 내용으로 감정을 자극합니다. 또한 사진에 기록된 특정적인 요소는 기억을 불러와 감정을 일으키곤 합니다. 결코 사진을 담담히 보지 못하게 하는 감정이 때때로 작용합니다. 그래서 니체 Friedrich Nietzsche는 "감정은 우리가 살아 있는 것을 느끼게 해주는 중요한 요소"라고 합니다.

사진에서 느껴지는 감정에는 어떤 것이 있을까요? 그 감정은 우리의 삶과 어떻게 관계를 맺을까요? 감정은 크게 긍정적인 감정과 부정적인 감정으로 나눠볼 수도 있습니다. 이 감정을 모두 느낀다면 잘 표현할 수 있을까요? 그러나 감정을 느끼는 것과 이를 표현하는 것은 다른 문제이며, 때로는 결코 쉬운 과정이 아닙니다.

우리가 감정을 풍부하게 느끼고 느낀 만큼 성숙하게 표현할 수 있다면 어떨까요? 아마도 삶에 적응하고 성장하는 데 도움을 줄 것입니다. 지금 느끼는 감정을 자각하고 거부하지 않고 인정한다면, 나를 더욱 이해하게 됩니다. 저항하거나 회피하지 않고 우리가 느끼는 감정을 그대로 받아들일 수 있다면, 심리적인 회복과 성장을 경험합니다.

감정 주제의 활동은 '감정 반응'에서 시작하여 감정을 탐색하고 표현하며, 감정의 치유를 위해 감정을 다루고 공감 능력을 높이는 과정을 포함합니다. 이러한 과정을 통해 감정을 통합적으로 살펴보게 될 것입니다.

감정 #1
감정 반응
Emotion Theme Based Activity 1

목적 · 감정의 자각

효과 · 다양한 감정을 느끼고 자각하기

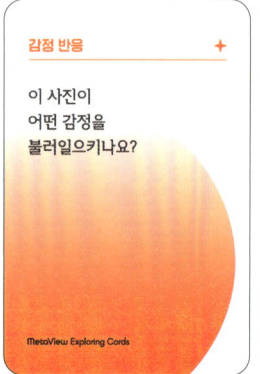

1 준비하기
- MetaView Photo Cards, 감정 단어
- 참여자에게 편안하고 안전한 환경을 제공한 후에, 책상 위에 다양한 사진을 뒤집어 놓는다.

2 사진 선택하기
- 사진을 무작위로 뒤집어 보여주면서 감정을 느껴보게 한다. 또는 눈을 감고 끌리는 사진을 고르게 한다.

3 질문으로 대화하기
- 고른 사진에서 "어떤 감정이 느껴지나요?"
- 사진을 연속 뒤집어 보면서 참여자가 감정을 느끼고 자각하는 경험을 한다.
- 감정이 잘 느껴지는 사진과 아닌 사진을 구별하여 자각의 차이를 대화한다.
- 같은 사진에 참여자마다 다른 감정 반응이 나오는 경우, 그 차이를 대화한다.

 **유의점**
- 감정 반응을 존중하고 어떤 감정이든 표현할 수 있도록 격려한다.
- 사진에서 감정을 느낄 수 있는 시간을 준다. 재촉하지 않고 기다린다.
- 감정을 잘 모르겠다고 하면 때로는 지금은 못 느낄 수 있다고 알려준다.
- 감정 표현에 칭찬과 함께 그 이유를 물어 대화로 이어간다.
- 감정 자각은 치유의 시작이다.

 응용
- 집단인 경우, 사진에서 자각된 감정을 종이에 적어 참여자와 각각의 반응을 나눈다.
- 감정을 글로 표현한다.

**감정 주제의 활동은 무작위로 고른 사진을 통해
'감정 반응'을 자각하는 것으로 시작한다.**

눈으로 직접 보지 않고 고른 사진에서 감정을 느껴보는 것은 일상에서 잘 경험하지 못하는 흥미로운 활동이 됩니다. 어떤 내담자는 "이 사진을 보고 아무런 감정이 느껴지지 않아요! 제가 문제가 있나 봐요"라고 당황할 수 있습니다. 그러나 그런 당혹감 자체가 감정임을 인식하는 것이 중요합니다. 반면에 "너무 많은 감정이 느껴져요"라고 말하며 혼란스러움을 느끼는 사람도 있을 수 있습니다. 어떤 반응이든 잘못된 것은 없습니다. 이처럼 사진을 통해 감정을 알아차리는 정도는 개인마다 크게 다를 수 있지만, 정서적 자각을 확장하는 소중한 시간이 됩니다.

사진이 불러일으키는 감정 자각은 개인과의 연결 정도에 따라 달라질 수 있습니다. 어떤 사진은 우리의 가슴과 연결되는 단서가 있어서 강렬한 반응을 일으킬 수 있으며, 이를 사진에서 '푼크툼'이라고 부릅니다. 반면에 다른 사진은 아무리 봐도 무덤덤한 반응을 유발할 수 있습니다. 이러한 차이는 개인적인 이유에 기인합니다. 그러나 자신에게 강렬한 반응이 일어난다면, 그것은 반드시 주목할 필요가 있습니다. 무의식이 마음을 건드리고 있기 때문입니다.

또한 감정을 느끼는 과정에서 긍정적인 감정과 부정적인 감정이 동시에 유발될 수 있습니다. 긍정적인 감정은 큰 문제가 되지 않지만, 부정적인 감정은 더 민감하게 반응할 수 있습니다. 그러나 모든 감정은 그 자체로 의미가 있으므로, 긍정과 부정을 구분하지 않고 존중하는 것이 중요합니다.

감정 #2
감정 표현
Emotion Theme Based Activity 2

목적 • 긍정과 부정 감정을 자각하고 표현하기

효과 • 감정 자각과 표현을 높이기 • 감정과 몸 반응의 연결성 이해하기
• 감정을 수용하기

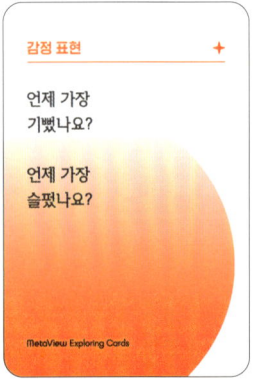

1 준비하기
- MetaView Photo Cards, 감정 단어감정을 불러일으키는 사진을 준비한다.
- 참여자에게 편안하고 안전한 환경을 제공한 후에, 책상 위에 다양한 사진을 펼쳐 놓는다.

2 눈의 자각 돕기
- 긍정과 부정 감정(각성/비각성)의 사진을 여러 장 고르게 한다.
- **긍정 감정:** 만족, 행복, 침착, 편안함 등
  부정 감정: 비참, 우울, 좌절, 짜증, 긴장, 두려움 등
  비각성 감정: 지친, 졸린, 지루함, 침울함 등
  각성 감정: 흥분, 놀람, 기쁨 등이 해당한다.

3 질문으로 대화하기
- 감정이 주는 몸의 반응을 수용하며 감정 표현을 돕는 대화를 이어간다.
- "어떤 사진이 긍정/부정/비각성/각성의 감정인가요? 그렇게 느낀 이유가 무엇인가요?"
- "긍정/부정/비각성/각성 감정이 몸에서는 어떻게 반응하여 느껴지나요?"
- "언제 가장 기뻤나요?" "언제 가장 슬펐나요?"

유의점
- 다양한 모든 감정은 자신을 위해 '그렇게 느낄 수 있다'라고 알려준다.
- 감정으로 영향을 받는 몸의 반응을 알아차리면 감정 조절 능력이 높아지게 된다.
- 감정 표현에서 긍정과 부정의 편향성을 살핀다.
- 부정의 억압된 감정을 이완하기 위한 공감, 격려, 위로를 북돋는다.

응용
- 최근에 나타난 감정의 편향성이 있는지 살펴서 감정 표현을 돕는다.

감정 표현 활동은 긍정과 부정 정서를 자각하고 감정을 표현하는 데 있다.

감정마다 몸의 반응과 행동이 다릅니다. "언제 가장 기뻤나요?"라는 질문은 어떤 기억을 떠오르게 하죠. 그리고 기쁨과 관련된 반응이 몸에서 일어납니다. 눈빛에 생기가 돌고 입가에 미소가 지어지며 힘이 나는 모습입니다. 마찬가지로 "언제 가장 슬펐나요?"라는 질문에 슬픔과 관련된 반응이 나타납니다. 눈꼬리가 내려가고 입이 처지며 어깨가 움츠러들면서 울먹거릴 수 있어요.

감정마다 달라지는 몸의 반응과 행동 때문에, 우리는 본능적으로 긍정적인 감정을 더 느끼고 싶어 하며 부정적인 감정을 피하려고 합니다. 기분 좋은 감정은 마다할 이유가 없지요. 물론 긍정적인 감정은 기분을 좋게 하고, 물론 정신 건강에 도움이 됩니다. 나를 기쁘게 하는 것, 기쁜 경험, 기쁨을 느끼는 순간의 몸의 반응은 삶의 활력에 필요합니다. 우리는 항상 깨어 있는 긍정적이고 각성된 감정을 선호하는 반면, 비각성 상태인 감정을 둔하고 부정적으로 여기는 경향이 있습니다. 그러나 인간은 생존을 위해 긍정보다 부정적인 감정에 더 민감하게 반응합니다.

심리적으로 인간은 모든 감정을 다 느끼고 경험할 수 있는 존재입니다. 슬픔을 느낄 수 있는 사람이 기쁨도 온전히 잘 느끼며, 둔감하고 냉담한 감정이 무엇인지 아는 사람이 더욱 행복하고 풍요로운 감정의 혜택이 무엇인지 잘 압니다. 놀랍게도 부정적인 감정이 나에게 필요할 수 있다는 사실을 인식하는 것이 중요합니다. 이처럼 감정을 느끼고 표현하고 이해한다면, 감정을 조절하는 힘을 키우는 데 도움이 됩니다.

감정은 단순히 좋고 나쁜 것에 국한되지 않으며, 모든 감정이 우리의 삶에서 중요한 역할을 한다는 사실을 받아들이고 표현해 볼까요? 나는 언제 가장 기뻤나요?

감정 #3
감정 바퀴
Emotion Theme Based Activity 3

목적 • 감정의 다양한 표현을 이해하기

효과 • 복합 감정을 표현하면서 이해하기
• 억압된 복합 감정을 이완하여 심리 안정 돕기

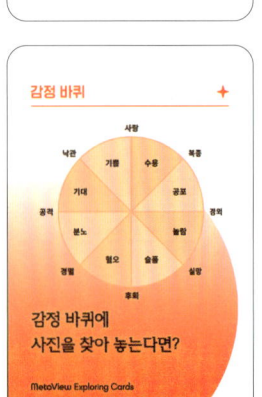

1 준비하기
- 플루칙Plutchik 정서 바퀴 도면
- 사진을 책상 위에 펼쳐놓는다.

2 사진을 선택하여 감정 바퀴에 배치하기
- 최근에 느꼈던 감정을 사진으로 고르게 한다.
- 감정 바퀴를 제시하고 해당 사진을 골라 표 위에 놓는다.

3 복합 정서 안내하기
- 복합 정서는 두 정서의 조합에서 이루어지는 것을 안내한다.
- 예) 사랑은 기쁨과 수용의 조합, 후회는 혐오와 슬픔의 조합, 낙관은 기쁨과 기대, 공격은 기대와 분노, 경멸은 분노와 혐오, 실망은 슬픔과 놀람, 경외는 공포와 놀람, 복종은 수용과 공포의 조합이다.

4 질문으로 대화 나누기
- "최근 1주일에 자주 느꼈던 감정은 어떤 것인가요?"
- "언제 긍정(부정) 감정을 주로 느끼나요?"
- "누구와 있을 때 긍정(부정)의 감정을 더 많이 느끼나요? 이유가 뭔가요?"
- "어떤 상황에서 어떤 감정을 느꼈는지 말해보세요."

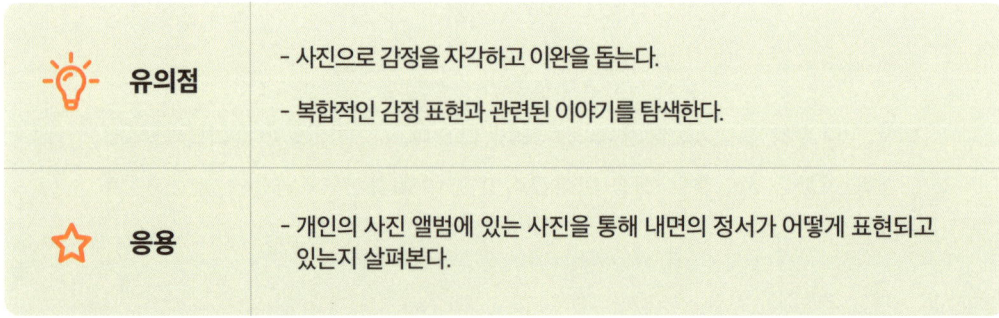

	유의점	- 사진으로 감정을 자각하고 이완을 돕는다. - 복합적인 감정 표현과 관련된 이야기를 탐색한다.
	응용	- 개인의 사진 앨범에 있는 사진을 통해 내면의 정서가 어떻게 표현되고 있는지 살펴본다.

**'감정 바퀴' 활동은 여러 감정이 조합되어
복합적인 감정이 일어나는 것을 이해하는 데 도움을 준다.**

감정 바퀴를 이용하여 모든 감정을 표현하는 활동은 감정을 깊이 이해하게 합니다. 감정 바퀴에 사진을 놓아보면서 내가 왜 그런 감정을 가졌는지를 다시금 생각하게 합니다. 사랑은 기쁨과 수용이 합쳐져서 일어난다는 사실에 자신의 사랑을 돌아보게 하죠. 후회는 이루지 못한 아쉬움뿐만 아니라 슬픔과 자기혐오를 깨닫게 합니다. 이처럼 경멸은 분노의 감정과 상대에 대한 혐오의 감정이 섞인 것을 자신의 경험에서 인정하게 됩니다.

감정은 미묘하고 복잡합니다. 그래서 감정을 이해하고 표현하는 것이 쉽지 않습니다. 어떤 일과 상황에 대해 하나의 감정만 존재하지 않는다는 사실, 여러 감정이 얽히고설켜 작용한다는 것은 놀라운 일입니다. 그런데 더 놀라운 것은 한 감정 안에 또 다른 감정이 여러 개씩이나 숨겨져 있다는 것입니다.

최근에 느낀 감정을 사진으로 고르고 감정 바퀴에 놓아보면, 감정의 종류가 여러 가지로 나올 것입니다. 사람들마다 편차가 있다고 해도 그 감정들을 표에 배열해 놓고 보면, 모든 감정 칸마다 사진이 놓이지 않을 수 있습니다. 대부분 주로 느끼는 감정이 있다는 것을 발견하게 될 것입니다. 그것이 분노일 수도, 우울일 수도, 기쁨일 수도 있습니다. 이는 자신의 기질과 성격 또는 특정 심리 상태에서만 나타나는 특별한 감정 패턴과 관련이 있습니다.

감정 바퀴에 자신의 감정을 찾아 놓다 보면, 감정을 이해하면서 자신만의 이야기가 실타래처럼 풀려나옵니다. 자연스럽게 감정을 표현하면서 자신을 좀 더 이해하게 된다면, 충분한 활동이 될 것입니다.

감정 #4
감정 다루기

Emotion Theme
Based Activity 4

목적 • 부정적 감정의 수용과 지지받기

효과 • 부정 감정 조절 능력 향상 • 감정 직면하기 • 내면의 치유자 깨우기

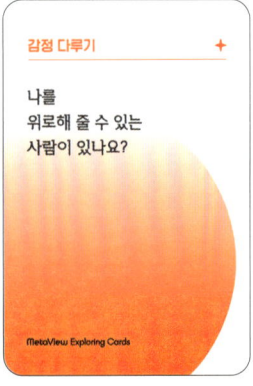

1 준비하기
- MetaView Photo Cards
- 사진을 책상 위에 펼쳐놓는다.

2 사진 선택하기
- 지금 자신에게 불편한/싫은 감정 사진을 고르게 한다.
- 예) 슬픔, 혼돈, 괴로움, 분노, 실망 등등

3 질문으로 대화 나누기
- "어떤 사진(감정)인가요?" (사진을 충분히 읽게 한다)
- "불편한 이유가 무엇인가요?" (감정과 몸의 반응을 함께 살핀다)
- "불편을 해소하기 위해 무엇이 필요한가요?" (무엇을 원하나요?)
- "그 이유는 무엇인가요?" (불편한 감정을 느끼는 현재의 나를 인정하게 돕는다)
- "어떤 말에 위로가 될까요?" (내면에서 원하는 자원을 찾게 돕는다)
- "나를 위로해 줄 수 있는 사람이 있나요?", "혹은 나에게 도움이 될만한 사람으로 누가 있을까요?" (없다면, 존재하지 않는 가공의 인물 또는 신화, 종교의 인물도 가능함)
- "그 사람이 지금 내 앞에서 해주는 위로의 말을 들어 본다."
- "이 사진에서 어떤 메시지를 받았나요?"

유의점
- 부정 감정을 다룰 수 있도록 감정을 수용하게 돕는다.
- 감정 치유를 도와줄 수 있는 '내면의 치유자'를 내면에서 찾도록 한다.

응용
- 부정 감정을 도와줄 '긍정' 사진을 찾는다.

'감정 다루기' 활동은 부정적인 감정을 이완하기 위해 내면의 치유자를 깨워 감정 조절을 돕는다.

부정적인 감정을 표현하는 것은 어렵지만, 그 감정을 알아차리고 수용하면 벗어날 수 있습니다. 예를 들어, 큰 슬픔에 빠져 괴로울 때 "나는 지금 슬프구나" 하고 알아차리면 그 감정을 받아들이고 스스로 위로하고 싶은 연민이 생깁니다. 수용과 자비의 마음이 감정을 다루는 데 도움이 됩니다. 슬픔을 달래기 어렵다면, 자신에게 위로가 되는 사람과 그 사람의 따뜻한 말을 떠올리는 것이 큰 도움이 됩니다.

"나를 위로해 줄 수 있는 사람이 있나요?"라는 질문은 긍정적으로 자신을 도울 수 있는 누군가를 불러오는 역할을 합니다. 실재하든 아니든, 상상의 인물이어도 괜찮습니다. 중요한 것은 내가 위로받을 수 있는 존재라는 것입니다. 이러한 과정은 내면의 긍정적인 자원을 찾게 하고, 내면의 치유자를 만나게 인도합니다. 그들이 나에게 어떤 위로를 해줄지는 자연스럽게 떠오릅니다. 이 방법을 활용하면 부정적인 감정을 인정하고 상처를 치유하는 데 효과적입니다.

그러나 부정적인 감정을 다루는 과정은 감정 표현의 어려움과 한계를 이해하는 것이 중요합니다. 심리적 부담을 느끼거나 심각한 감정에 휩쓸릴 경우, 먼저 강도가 약한 부정적인 감정부터 다루면서 점차 힘을 키워가는 것이 좋습니다. 예를 들어, 큰 슬픔보다 작은 상실감부터 감정을 표현하고 위로받는 경험을 쌓는 것입니다. 특히, 감정을 다루기 위해 명상의 호흡 기법을 권장합니다. 먼저 힘든 감정을 유발하는 사건이나 상황을 상징하는 사진을 보면서 떠오르는 생각과 감정을 기록합니다. 그다음에 깊게 숨을 들이쉬고 내쉬는 짧은 명상을 한 후에 다시 반응을 적어보세요. 분명 변화가 있을 것입니다. 명상은 감정을 조절하는 데 효과적입니다. 상처가 성장의 거름이 된다는 사실을 깨닫는다면 이 활동은 아름다운 성장의 시간이 될 것입니다.

감정 #5
감정 공감
Emotion Theme Based Activity 5

목적 • 사진으로 감정 공감하기

효과 • 감정 공감력 높이기   • 타인 또는 대상의 공감력 높이기
• 자기중심의 감정에서 벗어나기

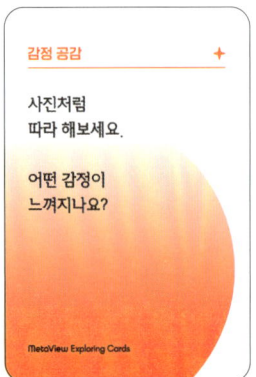

1 준비하기
- MetaView Photo Cards
- 사진을 책상 위에 펼쳐놓는다.

2 사진 선택하기
- 지금, 강하게 끌리는 사진을 한 장을 고르게 한다.

3 사진 모방하기
- 사진에 묘사된 대상의 모습을 똑같이 몸으로 재현해 보게 한다.
- 예) 표정(웃는, 우는, 슬픈 등)과 손짓 몸짓을 그대로 모방해 본다.

4 질문으로 대화 나누기
- 몸으로 똑같이 해보면서 어떤 감정이 공감되는지 대화를 나눈다.
- "사진처럼 따라 해보니, 어떤 감정이 느껴지나요?"

 **유의점**
- 몸으로 표현하기에 부담 없도록 안전한 공간을 제공한다.
- 공감의 이점을 안내한다.

 응용
- 모방한 모습을 사진 찍어주어 원사진과 비교하여 대화를 나눈다.
- 사진 앨범에서 가족 구성원 사진을 고르고 몸으로 재현해서 공감을 경험한다.

**'감정 공감' 활동은 공감력을 높이는 효과적인 방법으로,
사람들을 자기중심적인 감정과 생각에서 벗어나도록 돕는다.**

사진과 똑같은 몸짓으로 모방해 보라고 하면, 내담자 대부분은 쑥스러워하거나 주저합니다. 그러나 "제가 보지 않을게요. 편안하게 해보세요"라고 안전한 공간을 제공하거나, "해보면 확실하게 느끼는 게 있을 거예요"라고 적극적으로 권하면 그 효과는 놀랍습니다.

그들은 갑자기 자신이 궁금해했던 부모님의(또는 특정인) 마음을 느끼고, 자신이 생각하지 못했던 상대의 감정을 몸으로 느끼며 놀라워합니다. "내 생각과 달라요" 또는 "이런 기분일 줄 몰랐어요"라는 반응을 보이며 뭉클한 감동을 전해줍니다. 이를 통해 지금까지 알지 못했던 다른 사람의 마음을 진정 이해하게 됩니다. 그동안의 관계에서 오해한 것이나 착각한 것, 잘못 판단한 것을 스스로 빠르게 깨달아 가면서 밝아지는 모습을 보입니다. 그래서 이 활동은 늘 감동을 불러일으킵니다.

진정한 공감은 상대방의 마음을 내가 함께 느끼는 것입니다. 사진에서 보는 모습을 연출하여 그 모습이 되어보는 경험은 생각과 공감의 차이를 확연히 느끼게 합니다. 몸으로 느낀 감정은 강력해서 자기중심을 벗어나 공감을 제대로 느끼게 돕습니다. 결과적으로, 사진을 보면서 몸으로 따라 해 보는 경험은 공감 능력을 향상시켜 중요한 사람이나 사회적 관계를 더 긍정적으로 바라보게 합니다.

감정 #6
감정 통합

Emotion Theme Based Activity 6

목적 • 감정의 통합

효과 • 주관적인 감정 표현의 알아차림 • 객관적인 감정 지켜보기
 • 통합적인 관점으로 보는 감정 • 심리 안정

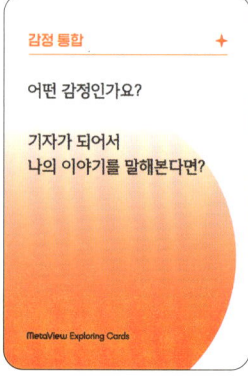

1 준비하기
- MetaView Photo Cards
- 사진을 책상 위에 펼쳐놓는다.

2 사진 선택하기
- 최근의 나의 감정을 말해주는 사진을 고르게 한다.
- 사진을 보면서 몸, 감정, 생각이 떠오르는 것을 알아차리게 한다.

3 질문으로 대화 나누기
- 감정에 대한 관점을 변경하여 말하게 한다.
 (나의 관점 -> 상대의 관점 -> 통합)
- "나의 감정을 말해보세요.(주관)"
- "내가 기자가 되어서 나의 이야기를 전해보세요.(객관)"
- "주관과 객관적인 감정을 통합하여 말해보세요."

유의점
- 자신의 기억을 제삼자의 관점(관찰자)으로 객관화하여 보도록 권한다.

응용
- 사진을 보면서 세 가지의 관점(주관/객관/통합)으로 감정에 대해 글을 써보게 한다.

**'감정 통합' 활동은 자신의 감정을 주관적이면서도
객관적인 입장에서 관찰하고 통합적으로 살펴보게 한다.**

이 활동은 자신의 감정을 타인의 관점에서 바라보게 합니다. 중립적인 위치에서 자신을 살펴볼 수 있도록 도와 심리적인 안정을 찾게 합니다. 먼저, 주관적인 입장에서 최근의 감정을 말해보라고 권합니다. 이렇게 표현하는 것은 자신의 내면을 명확하게 이해하는 데 도움을 주며, 억눌린 감정을 해소하고 스트레스를 줄이는 데 기여합니다.

다음으로, 타인의 입장인 기자가 되어 자신의 감정에 관해 기사를 작성하듯 이야기해 보게 합니다. 이 과정은 자신의 주관을 벗어나기 위해 인지적인 유연성을 요구합니다. 그러나 관찰자의 관점에서 자신을 바라보면, 감정에 휘둘리지 않고 상황을 더 명확하게 파악할 수 있습니다.

마지막으로, 자신의 입장과 기자의 입장을 동시에 고려해 보게 합니다. 이는 주관적인 입장을 벗어나 객관적으로 문제의 원인과 해결책을 논리적으로 찾아갈 수 있게 됩니다. 나에게 이런 감정은 당연하다고 느꼈지만, 기자의 시각에서는 나만의 감정에 사로잡혀 있다고 볼 수 있습니다. 이러한 차이를 살펴보면 문제의 원인과 해결책을 이성적으로 찾을 수 있게 합니다.

감정은 원래 주관적이라 감정을 이해하고 조절하며 대처하기 위해서는 주관적인 접근만으로는 부족합니다. 객관적으로 감정을 바라보면 감정 조절 능력이 향상되고, 타인의 감정을 이해하고 공감하는 능력도 강화될 수 있습니다.

강점
Talents

#1~6

강점 #1	강점 #2	강점 #3
나의 강점	**행복 강점**	**용기 강점**
자랑스러운 내 모습을 골라보세요.	행복과 불행을 보여주는 사진을 고르세요.	위험과 두려움을 극복한 경험과 관련된 사진을 고르세요.

강점 #4	강점 #5	강점 #6
지혜 강점	**용서 강점**	**사랑 강점**
어렵고 힘든 상황을 이겨낸 경험을 상징하는 사진을 고르세요.	용서와 관련된 사진을 고르세요.	사랑의 의미를 보여주는 사진을 고르세요.

단계	1	2	3	4	5	6
주요 내용	나의 강점	행복 강점	용기 강점	지혜 강점	용서 강점	사랑 강점

긍정심리학의 마틴 샐리그먼^{Martin Seligman}은 "행복은 우연히 찾아오는 것이 아니라, 우리가 선택하고 노력하는 결과"라고 말합니다. 샤론 살즈버그^{Sharon Salzberg}은 "우리는 긍정적인 마음가짐을 통해 우리 삶의 질을 높일 수 있다"라고 합니다. 심리치료가 어두운 것만 보는 것이 아니라 내면의 긍정에서 더 나은 의미와 결과를 볼 수 있음을 암시하고 있습니다.

강점 주제는 내면의 긍정적인 심리 요소를 찾고 강화하는 활동입니다. 사진을 통해 개인의 강점을 발견하는 과정은 자신의 긍정적인 가치를 인정하고 자존감을 증진하는 데 효과적입니다. 일상생활에서 자신의 강점을 약점보다 더 자주 인식하고 이해한다면, 개인의 성장을 돕는 심리적 기반을 마련하게 됩니다. 자신의 강점을 잘 발휘하면 자아 개념 형성, 문제 해결, 자기 조절, 스트레스 해소에도 긍정적인 영향을 미치게 됩니다.

본 워크북은 인간의 다양한 덕목 중에서 특히 심리 외상의 회복에 도움이 되는 행복, 용기, 지혜, 용서, 사랑의 덕목을 강점으로 제안합니다. 그 외에도 언급하지 못한 많은 덕목(창의성, 호기심, 개방성, 학구열, 친절성, 사회지능, 진실성, 끈기, 활력, 절제, 겸손, 신중성, 자기조절, 시민정신, 공정성, 지도력, 감상력, 낙관성, 유머 감각, 영성 등)은 상황에 따라 진행자가 적용하여 응용하시길 권합니다. 최대한 강점을 삶에서 활용하도록 돕는 것이 강점의 목표입니다.

강점 주제의 활동은 '나의 강점'을 자각하고 표현하는 것으로 시작하여, 행복, 용기, 지혜, 용서, 사랑의 강점으로 이어집니다. 이러한 강점 활동은 각자가 자신의 강점을 인식하고, 이를 통해 자존감을 높이며, 더 나은 삶을 살아가는 데 큰 도움이 될 것입니다.

강점 #1
나의 강점
Talents Theme
Based Activity 1

목적 • 강점의 자각과 표현

효과 • 나의 강점을 자각하기 • 강점을 이해하고 수용하기 • 긍정 기분 높이기
• 자존감 높이기 • 미래의 성장 가능성 탐색

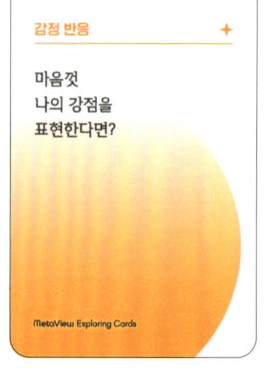

1 준비하기
- MetaView Photo Cards
- 책상 위에 다양한 사진을 놓는다.
- 참여자들의 다양한 모습과 상황을 투사할 수 있는 사진으로 준비한다.

2 사진 선택하기
- 자신이 자랑스럽거나 칭찬할 만한 모습을 담은 사진을 선택하도록 한다.
- "자랑스러운 내 모습을 골라보세요"
- "칭찬할 만한 나의 덕목을 사진으로 표현해 보세요"

3 질문으로 대화하기
- 선택한 사진에서 자신이 발견한 강점을 이야기를 나눈다.
- "마음껏 나의 강점을 표현한다면?"
- 이를 통해 자신의 강점을 스스로 인정하고 수용하도록 대화를 이끈다.

 유의점	- 참여자가 표현을 주저하면, "누구나 잘하는 게 있다"라고 격려해 준다. - 스스로 인정이 어려운 경우, 외부에서 칭찬받고 인정받은 경험을 떠올리게 한다. - 자신의 능력, 가치, 존중은 자존감 형성을 돕는다는 점을 설명한다.
 응용	- 현재의 강점을 기반으로 더욱 성장하고 싶은 미래의 감정을 사진으로 고르게 한다. - 미래의 자신이 어떤 모습으로 성장하고 싶은지 상상하게 하여 이를 사진으로 표현하게 한다.

'나의 강점' 활동은 자신을 긍정적으로 바라보며 자신의 가치를 인정하고 지지하는 소중한 경험을 제공한다.

"당신의 강점은 무엇인가요? 자랑스러운 내 모습을 사진으로 골라보세요!" 이 질문은 당신에게 강점이 있다는 믿음을 심어주는 격려입니다. 강점에 대한 표현은 생동감을 주어 약간의 흥분과 즐거움을 느끼게 합니다. 사진을 고르는 참여자의 눈빛이 반짝이는 것을 볼 수 있으며, 단순한 제안임에도 분위기가 달라지는 것을 경험하게 됩니다.

우리는 자신을 따뜻한 시선으로 바라봐 주는 사람을 만날 때 마음의 장벽을 낮추고, 그들에게 다가가게 됩니다. 자신의 능력을 인정해 주는 사람을 만날 때, 우리의 능력을 헌신적으로 발휘하게 됩니다. 부정적인 면에 초점을 두어 무엇을 해야 하고 무엇을 배워야 한다고 가르치는 것보다, 이미 가지고 있는 강점을 드러내고 강화하는 것이 삶의 원동력이 됩니다.

때로는 자신의 강점이 하나도 없다고 주저하는 사람도 있습니다. 우울한 마음으로 불안과 두려움에 사로잡힌 사람은 자신의 강점을 잊고 살아가기 쉽습니다. 이런 경우, 인간은 누구나 강점이 있다는 믿음을 갖고, 그들이 스스로 강점을 찾도록 도와주는 것이 중요합니다. "살면서 잘했다고 생각한 경험은 무엇인가요?", "어려움을 성공적으로 해결한 경험을 이야기해 보세요", "주변에서 칭찬받은 내용은 무엇인가요?"와 같은 질문들은 강점을 찾아주고 확인하는 데 도움이 됩니다.

사람들은 강점이 없어서가 아니라, 자신을 긍정적으로 알아주길 바라는 마음이 더 강합니다. 인간은 늘 성장하고 싶어 하며, 잠재력과 가능성을 누구나 갖고 있다는 믿음을 전해주면 그들의 영혼이 빛나게 깨어나는 것을 볼 수 있습니다. 그 순간은 정말 아름다운 시간입니다.

강점 #2
행복 강점

Talents Theme Based Activity 2

목적 • 행복 표현하기

효과 • 행복을 탐색하여 의미를 정의하기   • 행복을 증진하기
• 행복 계획을 세우기   • 긍정적인 자아 인식 높이기

1 준비하기
- MetaView Photo Cards
- 다양한 상황과 감정을 담은 사진을 여러 장 준비하여 책상 위에 놓는다.

2 사진 선택하기
- 자신이 생각하는 '행복과 불행'의 사진을 각각 고르게 한다.

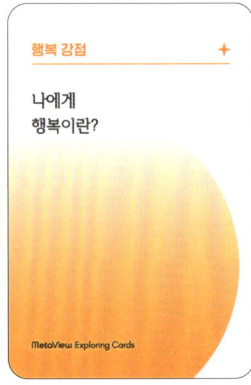

3 질문으로 대화하기
- "어떤 사진이 행복/불행인가요?"
- "나에게 행복이란 무엇인가요?"
- "행복하기 위해 지금 내가 해야 하는 것이 있나요?"
- 참여자가 선택한 행복 강점이 주는 몸의 반응과 감정을 이야기한다.
- 자신의 행복을 인식하고 표현할 수 있도록 유도한다.

 유의점
- 감정 표현이 불행에 편중되지 않도록 균형감을 유지한다.
- 불행보다는 행복한 경험과 느낌에 더 많은 시간을 이용한다.
- 행복에 관한 경험과 감정을 충분히 표현할 수 있도록 격려하고 지지한다.

 응용
- 행복을 느끼게 하는 행동을 사진을 표현하여 행동 버킷 리스트를 만든다.
- 리스트 작성 후, 이를 실천할 방법을 논의하고 계획을 세운다.

'행복 강점' 활동의 목적은 행복의 의미를 탐구하고, 행복 추구의 마음을 높이는 것이다.

우리는 자신의 행복한 순간을 떠올리고, 그 순간이 왜 행복했는지를 사진으로 살펴볼 때, 그러한 순간을 더 자주 만들기 위해 할 수 있는 일들을 계획합니다. 이 과정은 긍정적인 기분을 형성하는 데 도움을 줍니다.

"난 행복하지 않아요"라고 뾰로통한 내담자가 있었습니다. 그 모습은 불행해 보였습니다. 상담자로서 저는 그를 도와줄 방법에 대해 고민하게 됩니다. 부정적인 상황과 경험을 극복하기 위해서는 단순한 고민으로는 해결되지 않습니다. 무엇보다 내담자가 스스로 행복을 얻기 위해 노력할 용기와 내적 자원이 필요합니다. 이를 위해서는 그들의 자아를 단단히 키우고 자존감을 높여야 합니다.

자존감을 높이는 방법으로 흔히 칭찬하기를 시도합니다. 내면에 숨겨진 잠재력을 가장 가까운 사람이 찾아 칭찬해 주는 것은 개인의 성장에 매우 중요한 요소입니다. 이러한 과정은 단순히 외부의 인정에 그치지 않고, 스스로 자신의 능력과 가치를 인식하는 지속적인 과정으로 이어집니다. 이러한 상호작용은 개인의 자아 존중감을 높여줍니다.

그러나 이미 경험했던 행복한 기억을 떠올릴 수만 있다면, 순간적으로 마술 같은 변화가 일어납니다. "지금 행복하지 않나요? 행복했던 기억을 떠올려보세요. 아니면 행복이란 무엇이라고 생각하나요?" 행복에 초점을 두는 것은 불행하다고 느끼는 현실에서 벗어나는 데 도움을 줍니다. 부끄러워하지 말고 한 가지라도 이야기해 보기를 권합니다. "나는 언제 행복한가요?" 행복한 순간을 떠올리고, 그 순간이 왜 행복했는지를 되새기는 것은 자신을 위하고 더 나은 미래를 계획하는 데 큰 도움이 됩니다.

강점 #3
용기 강점

Talents Theme
Based Activity 3

목적 • 용기의 강점을 표현하기

효과 • 용기를 이해하기   • 용기와 관련된 자아 인식   • 자존감 향상

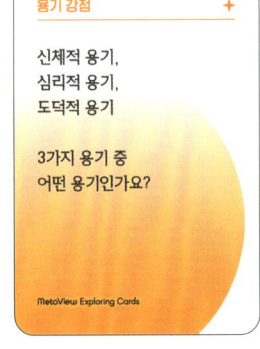

1 준비하기
- MetaView Photo Cards
- 다양한 사진을 준비하여 책상 위에 놓는다.

2 사진 선택하기
- 용기와 관련된 사진을 고르게 한다.
- "위험과 두려움을 극복한 경험과 관련된 사진을 고르세요."

3 용기의 이해 돕기
- 용기의 종류를 설명하여 이해를 돕는다.
- 예) 신체적 용기는 신체적인 위험과 죽음의 공포를 극복한 용기이다. / 심리적인 용기는 정신적 안정을 잃을 두려움을 직면하여 극복한 용기이다. / 도덕적 용기는 옳다 믿는 행동으로 관계와 사회적 공포를 극복한 것이다.

4 질문으로 대화 나누기
- "신체적 용기, 심리적 용기, 도덕적 용기, 이 세 가지 용기 중 어떤 용기인가요?"
- "자신을 칭찬해 줄 수 있나요?"
- "자신의 용기 있던 행동을 인정하고 칭찬해 준 사람이 있나요?"

 **유의점**
- 위험한 상황의 두려움을 극복한 능력을 인정하여 강점으로 수용하게 돕는다.

 응용
- 주변에(가족) 용기 있는 사람들의 모습을 사진으로 찾아보면서 대화를 나눈다. 이를 통해 용기의 다양한 형태를 이해하고, 자신과 타인의 용기를 인정하는 긍정적인 경험을 쌓도록 한다.

> **'용기 강점' 활동은 신체적인 용기, 심리적인 용기,
> 도덕적인 용기 등 다양한 유형의 용기를 탐색하여
> 자기 긍정성을 향상하는 데 목적이 있다.**

"당신은 용기를 내어 본 적이 있나요?" 이 질문에 내담자 대부분은 고개를 갸우뚱하곤 합니다. 용기가 마치 영웅적인 행동을 의미하는 것처럼 느껴지기 때문입니다. 그러나 용기에 신체적, 심리적, 도덕적인 용기가 있다는 점을 안내해 주면, 그들의 눈에 생기가 돌고 자신감이 올라오는 표정이 보이기 시작합니다.

어떤 내용이든 자신의 용기를 표현하는 사진을 한 장 손에 들고 있을 때, 우리는 벅찬 가슴이 뛰는 것을 느낍니다. 용기 있게 행동한 일에 대한 자부심을 느끼고, 자신이 용기를 낼 수 있을 만큼 성숙한 사람이라는 인정을 스스로 하게 됩니다. 이러한 용기를 확인하는 순간, 자존감이 높아지게 됩니다.

왕따로 외톨이가 된 친구를 도와줬던 일, 끝까지 인내하고 올라갔던 산행, 힘든 훈련을 마치고 우승한 순간, 새로운 환경에 적응했던 시간, 두려움을 극복하고 성공적으로 발표를 마친 날, 부정행위를 하는 친구를 지적했던 용기, 불편하고 부끄러워도 말한 일, 원치 않다고 거절했던 용기 등 다양하게 쏟아져 나올 수 있습니다.

"당신의 용기는 가치가 있습니다!"

이 과정은 긍정적인 나, 이대로도 괜찮은 나라는 자아상을 형성하는 데 큰 도움이 됩니다. 현재의 모습에 이르기까지 바로 이 용기가 큰 역할을 했다는 것을 불현듯 깨닫게 될 것입니다. 그때 그 순간에 용기를 내지 않았다면, 아마도 지금의 모습이 아닐 수 있기 때문입니다.

강점 #4
지혜 강점
Talents Theme Based Activity 4

목적 • 지혜로운 나 탐색하기

효과 • 지혜의 이해   • 지혜로움을 형성해가기

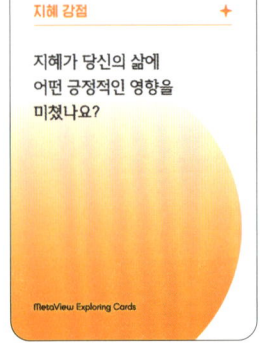

1 준비하기
- MetaView Photo Cards
- 다양한 사진을 준비하여 책상 위에 놓는다.

2 사진 선택하기
- 어려움을 극복한 경험을 상징하는 사진을 고르게 한다.

3 질문으로 대화하기
- "무엇 때문에 힘든 상황이었나요?"
- "그때 그 어려움을 어떻게 극복했나요? 또는 어떻게 해결했나요?"
- "지혜가 당신의 삶에 어떤 긍정적인 영향을 미쳤나요?"
- "사물의 이치를 잘 이해하고 현명하게 대처한 지혜를 칭찬해 보세요."
- "주변에 지혜로운 사람으로 누가 있나요?"
- "그 사람에게서 어떤 지혜를 배웠나요?"

 **유의점**
- 지혜롭지 못한 과거의 행동에서도 지혜롭게 배울 점이 있다는 것을 알려준다.
- 지혜롭게 판단하고 행동하는 데 필요한 것은 무엇인지 탐색한다.

 응용
- 가족과 친구에게서 발견할 수 있는 지혜를 탐색한다.

'지혜 강점' 활동은 사진을 통해
바른 마음과 삶의 지혜를 발현하는 데 목적이 있다.

지혜는 사물의 이치와 선악을 분별하는 능력입니다. 지혜는 세상의 이치를 이해하고 적절히 처리할 수 있는 능력으로, 하루아침에 얻어지는 것이 아닙니다. 깊은 이해와 깨달음을 통해 공정하고 올바르게 판단하는 능력입니다. 지혜로운 사람은 많은 이들의 모범이 되는 스승이 될 수 있습니다. 우리는 이들처럼 지혜롭게 성장해야 하지만, 우리가 가진 지혜에 관해 묻는다면 겸손하게 그 존재를 의심할 수도 있습니다. 지혜는 오로지 훌륭한 사람에게만 있는 능력일까요?

이 활동은 내면의 지혜를 발견하는 과정입니다. 이를 위해 어려웠던 시기와 그 경험을 되새깁니다. 지혜는 특히 어려움을 극복하는 과정에서 잘 드러나기 때문입니다. 여러분은 살아오면서 어려움을 겪고 극복한 경험이 있나요? 만약 그렇다면, 그 어려움을 이겨내게 한 지혜가 있었을 것입니다. 힘든 경험에는 반드시 이를 극복하게 하는 어떤 사고와 행동이 담겨 있습니다. "어떻게 힘든 상황을 극복하셨나요? 그때 어떤 지혜가 도움이 되었나요? 그 지혜가 당신의 삶에 어떤 영향을 미쳤나요?"라는 질문을 통해 우리의 경험을 돌아보는 것입니다.

어려움을 극복한 지혜를 사진으로 찾는 것은 그 경험을 상징화하는 과정입니다. 사진을 통해 강조하고 싶은 지혜로운 내용을 주목해 보세요. 긍정적인 경험은 선순환되어 긍정적인 사고를 강화하는 데 도움이 됩니다. 지혜롭게 대처한 경험을 묻고 대답하다 보면, 올바르게 행동하여 인정받을 만한 자신만의 지혜가 있다는 것을 자각하게 될 것입니다. 그러나 지혜에 대한 판단 기준에서 바른 사고와 판단은 잘 살펴보는 것 또한 중요합니다.

강점 #5
용서 강점

Talents Theme
Based Activity 5

목적 • 용서하기

효과 • 용서에 관한 이해 높이기 • 용서의 과정을 통한 타인을 이해하기
• 과거의 피해의식에서 벗어나기 • 주체적인 자신으로 성장하기
• 과거로부터의 해방감과 안정을 찾기

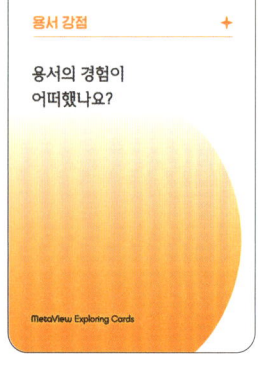

1 준비하기
- MetaView Photo Cards
- 다양한 사진을 준비하여 책상 위에 놓는다.

2 사진 선택하기
- 용서와 관련된 사진을 고르게 한다.

3 질문으로 대화하기
- 사진에 묘사된 은유와 상징이 용서와 어떻게 관계되는지 대화를 나눈다.
- "용서의 경험이 어떠했나요?" (용서하거나 용서를 받은 경험을 포함한다)
- "사진에 드러난 상처를 받은 나와 상대의 가해 내용이 무엇인가요?"
- "상대자 관점의 말은 무엇인가요? 사진을 이용하여 말해보세요"
- "당신이 과거에 잘못을 했을 때, 용서받았던 경험이 있나요? 무엇을 얻었나요?"
- "나를 위해 상대를 용서할 수 있는 마음을 낼 수 있나요? 그 이유는?"

 유의점
- 용서하기 싫거나 거부할 수 있는 감정(분노, 두려움, 좌절)이 나타날 수 있는 것을 수용한다.
- 언어로 표현하기 어려운 상처의 표현을 사진의 은유와 상징으로 수용한다.
- 용서의 바른 이해를 돕고 정신건강을 위해 용서를 점진적으로 수용하도록 돕는다.

 응용
- '용서하는 나와 용서하지 않는 나'라는 주제로 사진 2장을 골라 대화 나누기

> **'용서 강점' 활동은 자신을 위한 사랑의 활동으로,
> 삶에서 일어날 수 있는 부당함이나 가해자에 대해
> 용서할 수 있는 능력을 키우는 데 목적이 있다.**

용서는 내적 성숙을 돕는 강력한 강점입니다. 그러나 우리의 삶에서 용서는 쉽게 일어나지 않으며, 불편한 관계로 인해 속앓이 하거나 한을 품으면서 살아가거나 복수심을 품는 경우가 많습니다.

진정한 용서란 무엇인가요? 먼저 용서에 대한 올바른 이해가 필요합니다. 용서는 가해자의 행위를 사해주거나 그들의 잘못을 잊어주고 용인하는 것이 아닙니다. 시간이 지나면 괜찮아질 것이라 믿거나, 불편한 감정을 해소하기 위해 가해자에게 복수하는 것도 용서가 아닙니다.

용서는 마음의 긍정적인 수용이며 변화의 과정입니다. 마음속에 있는 부정적인 분노와 인식을 감소시키고, 복수를 하지 않으며 가해자에게 친절과 연민의 마음을 베풀겠다는 다짐입니다. 이를 통해 파괴적인 관계에서 건설적인 관계로 전환하고 삶의 희망을 품게 됩니다.

용서를 위해 먼저 용서할 수 없었던 상황과 자신의 마음, 그리고 가해자의 행위를 사진으로 표현해 봅시다. 우리의 가슴에는 용서하지 못한 또는 용서받지 못한 짙은 어둠의 그림자가 존재합니다. 아직은 응어리진 기억으로 남아있는 상대라해도, 그 사람의 관점을 살펴보고 공감해 보세요. 공감은 용서의 핵심이며 빛입니다. 또한, 자신의 삶에서 용서받았던 소중한 경험을 떠올려 보세요. 그때 받았던 용서라는 선물을 가해자에게 베풀겠다고 다짐하면서 마음을 밝게 회복해 보세요. 용서를 통해 자신이 어떻게 성장할 수 있을지 생각하는 과정은 개인과 사회, 그리고 국가의 정서 안정에 필요한 중요한 강점이 됩니다.

강점 #6
사랑 강점
Talents Theme Based Activity 6

목적 • 사랑의 강점 표현

효과 • 사랑의 의미 • 사랑의 이해 탐색하기 • 사랑을 표현하기

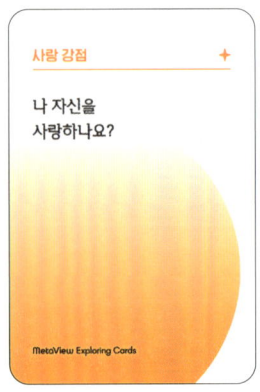

1 준비하기
- MetaView Photo Cards
- 다양한 사진을 준비하여 책상 위에 놓는다.

2 사진 선택하기
- 사랑의 의미를 사진에서 표현해 보게 한다.
- "사랑의 의미를 보여주는 사진을 고르세요."

3 질문으로 대화하기
- "사랑이란? 어떤 의미인가요?"
- "나 자신을 사랑하나요?"
- "어떤 사랑을 하고 있나요?" (사랑의 삼각형: 친밀감, 정열, 책임감)
- "사랑으로 타인을 소유하지 않고 의존하지 않을 수 있나요?"
- "어떤 사랑을 주고받았나요?"
- "사랑이 지속되지 못한 이유가 있었나요?"

유의점	- 사랑을 주고받는 경험에서 사랑의 부재, 상실의 경험이 나타날 수 있다. - 사랑도 배움을 통해 성숙하는 과정임을 알게 돕는다. - 사랑의 유형이 다양함을 이해하게 돕는다.
응용	- '사랑받은 나와 사랑을 하는 나'를 표현하는 사진을 고르기로 대화한다. - 내가 바라는 사랑(부모/부부/친구/연인)을 표현하는 사진 콜라주를 한다.

**'사랑 강점' 활동은 영성의 통합 의미를 담은 '사랑'으로,
자기 사랑, 이타적 사랑, 인류애적인 사랑으로 성장하기 위해
사랑받고 사랑하는 경험을 촉진하는 활동이다.**

"당신은 자신을 사랑하나요?" 이 질문에 "네"라고 자신 있게 대답할 수 있다면, 당신은 행복한 사람입니다. 빅터 휴고 Victor Hugo는 가장 큰 행복은 우리가 누군가를 사랑하고, 우리 자신이 누군가로부터 사랑받고 있다는 믿음에서 비롯된다고 했습니다. 또한, 긍정심리학은 어려움을 극복하는 핵심 감정을 사랑이라고 말합니다. 삶의 만족과 행복에 이바지하는 가장 큰 원천은 다른 사람과의 긍정적인 관계, 즉 사랑을 바탕으로 합니다.

사랑이 있으면 배려와 관심, 연민의 마음으로 다른 사람을 전인적으로 바라보게 됩니다. 사랑하는 관계는 상대를 위해 그 사람의 행복에 진심으로 헌신하는 것입니다. 진정한 사랑에서 나오는 감정은 상호적이며 친밀합니다. 모든 종교의 핵심 주제도 사랑으로 향하고 있습니다.

상담을 오는 대부분 사람은 사랑의 부재를 느낍니다. 가족에게 사랑을 받지 못하고 버림받고 학대받거나 소외되어 있다고 말합니다. 그래서 자신을 사랑하는 법을 모른다고 합니다. 사랑이 쉽지 않다고 느낀다면, 먼저 나 자신을 더욱 사랑해 보려고 노력해 볼까요? 마음이 가는 곳에 길은 열립니다. 자신이 사랑을 느꼈던 순간과 사랑을 표현했던 순간을 떠올리고, 사진으로 찾아보세요. 사진은 사랑의 순간과 감정을 지속시키고 사랑의 마음을 기억하게 할 것입니다. 지난 사랑의 경험이 자신의 삶에 어떤 영향을 미쳤는지 살펴봅시다. 그리고 더 많은 사랑을 주고받기 위해 할 수 있는 일들을 계획해 봅시다. 사랑은 더욱 풍성해질 것입니다.

Love Yourself!

신념
Vision

#1~6

신념 #1
사고의 흐름

눈길을 강하게 끄는
사진 한 장을 고르세요.

신념 #2
자동적 사고

문제를 상징하는 사진과
문제 해결된 상황을 상징하는
사진을 고르세요.

신념 #3
문제의식

갈등과 어려움을 상징하는
사진을 고르세요.

신념 #4
변화와 성장

나의 변화와 성장과 관련된
사진을 고르세요.

신념 #5
가치관

다시는 돌아오지 못할
우주 정거장에 간다면
가져갈 6장의 사진을 고르세요.

신념 #6
믿음

나의 종교나 영성과 관련한
사진을 고르세요.

단계	1	2	3	4	5	6
주요 내용	사고의 흐름	자동적 사고 (고정 관념)	문제의식 (부정 신념)	변화와 성장 (긍정 신념)	가치관 (가치체계)	믿음 (영성)

심리치료에서 신념은 개인의 생각과 행동을 이해하고 창의적으로 개선하는 데 큰 역할을 합니다. 인지 치료의 아론 벡[Aaron T. Beck]은 "우리의 감정은 사건이 아니라, 사건에 대한 우리의 생각으로 결정된다"라고 말합니다. 그는 "신념은 우리의 행동과 감정에 많은 영향을 미친다. 부정적인 신념을 수정하는 것이 중요하다"라고 신념의 재구조화를 강조합니다.

프리드리히 니체[Friedrich Nietzsche]는 "신념이 없는 사람은 아무것도 할 수 없다. 신념이 우리의 힘을 제공한다"라고 말하며, 올바른 가치와 신념이 심리적 안정과 삶의 만족도를 높여준다고 주장합니다. 그러나 잘못된 가치나 비윤리적인 신념이 자동적 사고로 나타나면, 정신건강에 어려움을 초래할 수 있습니다. 따라서 개인의 가치와 믿음을 어떻게 가지느냐에 따라 행동이 지배되므로, 개인의 신념은 행동을 결정하는 주요한 원동력으로 여겨져야 합니다.

사진을 찍고 보는 활동은 인지적인 창작 과정이어서 사진은 개인의 관점과 가치, 신념과 밀접하게 연결되어 있습니다. 사진치료에서 가장 많이 활용되는 투사적 사진치료 기법은 개인의 의식적인 가치와 신념을 파악하는 데 큰 도움이 됩니다. 사진을 보며 이야기하는 내용을 잘 살펴보면, 개인이 가진 신념을 발견할 수 있습니다. 만약 사진에 투사하는 신념이 부정적이라면, 일상에서도 부정적인 감정과 스트레스를 유발하고 관계를 악화시킬 수 있습니다. 반면, 긍정적인 신념을 드러내고 있다면 긍정적인 감정을 촉진하고 개인의 성장과 변화를 이끌 가능성이 있습니다. 따라서 내면의 가치체계와 신념을 살펴보는 것은 의미 있는 작업입니다.

신념 주제의 활동은 투사적 사진 기법을 적용하여 내면에서 자연스럽게 투사되는 관점과 신념을 찾아보는 과정입니다. 이를 통해 자동적 사고, 문제의식, 변화와 성장에 관한 신념을 탐색하고, 가치관과 영성의 믿음 차원까지 살펴봅니다.

신념 #1
사고의 흐름
Vision Theme Based Activity 1

목적 • 사고의 흐름 탐색

효과 • 내면 체계의 의식을 탐색하기 • 자유연상을 통한 자동 사고 탐색하기

1 준비하기
- MetaView Photo Cards, 종이, 필기도구
- 사진을 책상 위에 펼쳐놓는다.

2 사진 선택하기
- 지금, 가장 눈길을 강하게 끄는 사진을 한 장을 고른다.

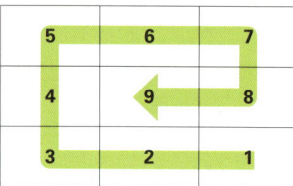

3 9분할 사고의 흐름 활동하기
- A4 종이를 9 등분하고 우측 표와 같이 번호를 적어 놓는다.
- "사진을 보면서 떠오르는 생각과 감정을 1번부터 꼬리 물어가듯 순서대로 채워 가보세요"
- "사진을 보면서 연상된 것을 1번에 적고, 그 1번을 보면서 떠오르는 것을 2번에 적어나갑니다. 이렇게 9번까지 진행해 보세요"
- 떠오르는 어떤 것이든 허용하여 글, 단어, 그림으로 표현한다.

4 질문으로 대화하기
- 사진을 보면서 떠오르는 생각과 감정이 어떻게 나타났나요?
- 사진에서 시작한 사고의 방향을 살펴보면서 대화를 나눈다.

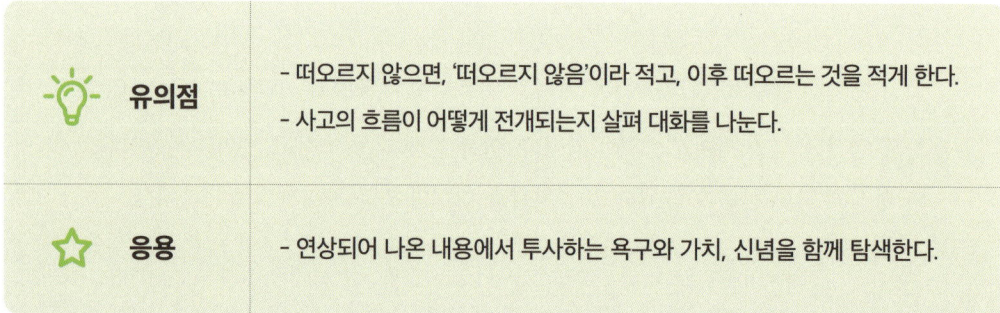

유의점
- 떠오르지 않으면, '떠오르지 않음'이라 적고, 이후 떠오르는 것을 적게 한다.
- 사고의 흐름이 어떻게 전개되는지 살펴 대화를 나눈다.

응용
- 연상되어 나온 내용에서 투사하는 욕구와 가치, 신념을 함께 탐색한다.

'사고의 흐름' 활동은
사진을 통해 사고의 흐름을 자각하게 한다.

우리는 고민이 있을 때 많은 생각을 합니다. 그러나 끝없이 맴도는 생각에 빠져 있어도 쉽사리 해결되지 않는 경우가 많습니다. 게다가 그 생각이 문제 해결에 도움이 되는 방향인지, 아니면 편향된 방향으로 가는지도 모릅니다. 단지, 닻 없는 배가 흘러가듯, 떠도는 구름처럼 시간이 흘러갑니다.

이 활동은 자신이 어떻게 생각을 전개해 가는지를 확연히 파악하게 해 줍니다. 사진으로 촉진된 생각이 9칸에 고스란히 담겨 있습니다. 이를 살펴보면, 자기 생각이 어떻게 전개되고 있는지를 객관적으로 볼 수 있습니다. 많은 내담자가 처음과 마지막 칸의 생각이 확연히 달라져서 놀라곤 합니다. 처음에는 사진을 보고 떠오르는 대로 적어 갔을 뿐인데, 마지막에 도달한 생각을 보면서 "내 안에 이런 생각이 있었나?" 하고 감탄하기도 합니다.

이 활동은 평소 추구하는 신념을 기반하여 글이 전개되고 있다는 사실을 깨닫게 합니다. 게다가 현재 상황과 문제에 도움이 될 해결책까지 스스로 찾아가고 있음을 알게 됩니다. 사진으로 인해 자연스럽게 연상된 내용은 현재와 연결되어 그 해결책까지 자연스럽게 도달하게 합니다.

지금 고민이 있나요? 투사를 일으키는 사진의 도움을 받아 사고의 흐름을 살펴보면서 해결책을 찾아볼까요? 끌리는 사진이 주는 단서는 강력하게 의식의 흐름을 일으켜 우리가 나아가야 할 방향으로 인도합니다. 호기심을 가지고 사진을 따라가 보세요!

신념 #2
자동적 사고

Vision Theme
Based Activity 2

목적 • 자동적인 사고 탐색

효과 • 자동적인 고정 관념을 자각하기　• 문제 해결 능력 탐색

1 준비하기
- MetaView Photo Cards
- 사진을 책상 위에 펼쳐놓는다.

2 사진 선택하기
- 문제 대처를 위해, 문제를 상징하는 사진과 문제가 해결된 상황을 상징하는 사진을 각각 한 장씩 고르게 한다.

3 질문으로 대화하기
- "이 사진은 어떤 상황일까요? 이 사진이 찍히기 직전에 무슨 일이 있었을까요?"
- "이 사진에서 무엇이 문제의 원인이라고 말해주고 있나요? 무엇이 해결책인가요?"
- 문제상황을 해결한 후의 사진을 가지고 대화를 한다.
- "어떻게 문제를 해결하면 이 사진처럼 될 수 있을까요?"
- "해결을 위해 필요한 것이 무엇일까요?"

 유의점	- 필요하다면, 문제 상황을 암시하는 사진과 안정적인 느낌을 주는 사진을 준비하여 제공한다. - 사진에 투사하는 주관적인 판단(자동 사고)과 가치, 고정 관념이 무엇인지 탐색해간다.
응용	- 문제 상황에 대해 다른 가족과 친구가 어떻게 보는지에 대해 대화를 나눈다.

**'자동적 사고' 활동은 사진을 통해 문제 상황마다
자동으로 나타나는 사고와 고정 관념을 탐색하도록 돕는 과정이다.**

한 내담자가 생각할 게 너무 많아서 아무것도 할 수 없다고 이야기했습니다. 그에게 얼마나 많은 생각이 있는지 물어보니, 한참 고민하다가 "생각이 많은 줄 알았는데, 실제로는 한 가지 생각뿐이에요"라고 답했습니다. 이처럼 머릿속의 생각이 하나라고 해도 체감적으로는 매우 많아 어렵고 복잡하게 느껴질 수 있습니다. 그러나 그 생각을 이미지로 구체화하면서 대화를 나누면, 그 문제에 영향을 미치고 있는 자신의 '신념'이 드러납니다. 이를 알게 되면 문제를 명확하게 이해하고 대처할 수 있게 됩니다.

"문제를 상징하는 사진과 해결된 상태를 상징하는 사진을 골라보세요."

언제나 눈길을 강하게 끄는 사진은 무의식적으로 내면의 신념을 자연스럽게 암시합니다. 사진을 보고 '왜' 문제라고 생각하는지 물어보면, 순간적으로 떠오르는 생각이 있습니다. 그것이 바로 자동적 사고입니다. 또한 해결된 상태를 상징하는 사진을 고르고 해결을 위해 필요한 것이 무엇인지 말해보게 하면, 여기에도 당연하다고 생각하는 어떤 신념이 자동적 사고로 드러날 것입니다.

흥미롭게도 여러 문제 상황을 사진으로 반복해서 탐색해 보면, 문제는 달라도 비슷하게 반복되는 신념을 발견하게 됩니다. 새로운 문제를 창의적으로 해결하더라도, 대개 비슷한 사고방식의 패턴을 따릅니다. 이렇게 자신이 무의식적으로 반복하는 자동적 사고, 고정 관념, 오랫동안 지켜온 신념을 발견하게 된다면, 그 신념에서 벗어나 자유로워질 수 있습니다.

신념 #3
문제의식
Vision Theme Based Activity 3

목적 • 갈등과 어려움에 영향 주는 신념 탐색

효과 • 갈등 해결 • 감정과 생각의 시각화 • 자기 이해와 성찰
• 문제 해결의 단서 찾기

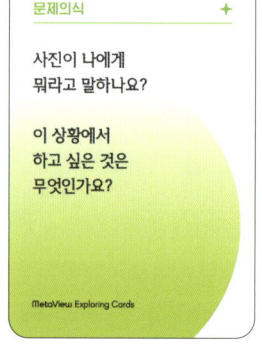

1 준비하기
- MetaView Photo Cards, 종이, 필기도구
- 사진을 책상 위에 펼쳐놓는다.

2 사진 선택하기
- '갈등과 어려움'을 상징하는 사진을 고르게 한다.

3 말풍선 작업하기
- 종이 위에 사진을 놓고 말풍선을 그려준다. 또는 마음대로 말풍선을 그리게 한다.
- 말풍선에 넣고 싶은 말을 적게 한다.

4 질문으로 대화하기
- "어떤 갈등과 어려움인가요?"
- "사진이 나에게 뭐라고 말할까요?"
- "이 상황에서 하고 싶은 것은 무엇인가요? 그 이유는?"
- 갈등에 내재된 신념을 탐색하면서 대화를 나눈다.

 유의점	- 사진을 대상으로 하여 안전하게 감정과 생각을 투사하게 한다. - 말풍선 안에 갈등에 관한 즉흥적인 반응을 적게 한다.
응용	- 사진 앨범에서 지금 눈길을 끄는 사진을 고르게 하여 위 방법을 진행한다.

'문제의식' 활동은 갈등 상황을 말풍선을 활용해 직관적으로 표현하도록 돕는다.

갈등에 빠진 내담자에게 사진을 고르게 한 후, 종이 위에 사진을 올려놓고 말풍선을 그려줍니다. 그리고 "이 사진이 나에게 말하고 싶은 것 또는 이 상황에서 말하고 싶은 것을 적어보세요"라고 권합니다. 내담자는 일단 만화를 만들듯이 흥미를 보이며 무엇을 적고 싶은지 고민하면서 적습니다. 욕을 쓰거나 이모티콘, 요즘 유행하는 단축어도 등장하기도 합니다.

이 활동은 참여자의 집중을 유도하며, 말풍선 안에 무엇을 쓸지 고민하는 '창작의 즐거움'을 느끼게 합니다. 말풍선은 즉흥적이고 직관적인 표현을 유도합니다. 말풍선에 짧게 적힌 내용은 내면의 신념을 핵심적으로 드러내며, 자유롭게 써보고 그려보면서 카타르시스를 경험하게 합니다. 사진이 나에게 말하는 것이 무엇인지, 그리고 내가 하고 싶은 말이 무엇인지를 표현하면서 감정이 이완되는 치유가 이루어집니다.

평소 말이 없는 내담자에게 언어로 말하기를 권하기보다는 사진과 그림을 이용하여 접근하는 것이 때때로 더 효과적입니다. 우울하여 심리적으로 의지가 낮거나 매사 흥미가 떨어진 내담자에게도 말없이 사진과 글, 그림으로 하는 활동은 도움이 될 수 있습니다.

사진치료의 투사적 기법은 감정과 생각을 사진에 투사하여 직접적인 대면에서 오는 불편감을 줄이고, 내면의 갈등을 은유와 상징으로 표현하는 데 능숙합니다. 갈등을 사진으로 표현하고 글과 그림으로 감정과 생각을 표현하는 과정은 갈등 상황을 인식하고 새로운 관점을 통찰할 기회를 제공합니다.

신념 #4
변화와 성장

Vision Theme
Based Activity 4

목적 • 긍정적 기억에서 신념 탐색   • 긍정적 신념 구축하기

효과 • 긍정 신념이 주는 자기 확신 강화   • 자기 이해와 성찰
• 긍정적 신념 강화   • 감정 표현 증진

1 준비하기
- MetaView Photo Cards
- 다양한 사진을 책상 위에 펼쳐놓고 참여자가 쉽게 접근할 수 있게 한다.

2 사진 선택하기
- 참여자에게 인생에 큰 변화가 일어난 시점을 회상하게 한다.
- 나의 변화와 성장과 관련된 사진을 고르게 한다.

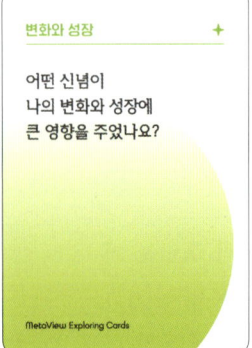

3 질문으로 대화하기
- 긍정 변화를 준 신념을 탐색하는 질문을 하여 대화를 나눈다.
- "이 사진이 어떻게 나의 성장과 변화를 상징하나요?"
- "어떤 신념이 나의 변화와 성장에 큰 영향을 주었나요?"
- "나의 일상의 변화에 영향을 준 신념이 있었나요?"
- "나의 성장에 필요하다고 생각하는 신념이 있나요?"

💡	**유의점**	- 변화와 성장에 영향을 준 부정적인 신념도 함께 수용하도록 한다. - 부정적인 경험에서도 배움을 얻을 수 있음을 인식하게 한다.
☆	**응용**	- 긍정적인 경험과 신념을 시각적으로 재확인하는 데 도움을 주는 사진 카드 만들기 - 사진 앨범에서 과거와 현재를 비교할 수 있는 사진을 찾아서 이야기한다. 이를 통해 자신의 변화와 성장을 시각적으로 확인하고 그 과정에서 얻은 배움을 찾는다.

'변화와 성장' 활동은 긍정적인 변화를 가져온 신념을 사진으로 탐색하는 과정이다.

한 젊은이가 "사랑이에요. 이게 가장 중요해요"라고 대답했습니다. 그는 어릴 때부터 부모님을 따라 주말마다 종교적인 봉사활동을 해왔습니다. 궂은일을 하는 아버지를 도와주며 남들이 꺼리는 환자를 돌보는 일을 할 때는 힘들어서 가고 싶지 않았다고 합니다. 그러나 병들고 가난한 이들을 위해 일하시는 부모님의 모습을 보면서 사랑을 배웠습니다. 성인이 되자 바쁘다는 이유로 더는 봉사활동을 하지 않았지만, 그는 이미 '사랑'이 얼마나 중요한지를 깨닫고 그를 변화시켰습니다. 잠시 봉사를 잊고 지냈어도 사랑의 의미는 신념으로 남아 있었던 것입니다.

인생의 큰 변화를 이루는 데 필요한 요소가 있습니다. 자신의 강점과 약점을 아는 것, 변화의 필요성을 자각하는 것, 인생의 목표를 설정하는 것, 새로운 경험과 지식으로 변화에 필요한 기술을 습득하는 것, 행동으로 실천하는 것, 그리고 긍정적인 자기 신념과 태도를 지니는 것입니다.

인생의 큰 변화와 성장을 이끄는 신념은 내면의 자원으로 구축되어야 합니다. 변화와 성장을 묻는 이 활동은 더 나은 긍정적인 삶을 살아가는 데 바른 신념이 중요하다는 것을 알게 합니다. 저는 사랑을 아는 소중한 사람을 만났고, 사랑을 베푸는 부모님에게서 긍정적인 신념을 배워 실천하는 그가 아름다워 보였습니다.

신념 #5
가치관

Vision Theme Based Activity 5

목적 • 인생에 소중한 가치체계 찾기

효과 • 내적 가치체계의 탐색 • 나에게 소중한 의미 탐색

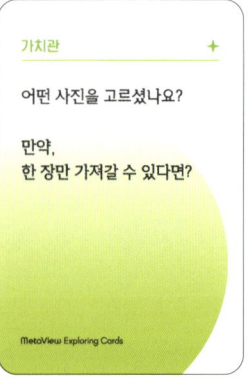

1 준비하기
- MetaView Photo Cards
- 준비된 사진 더미를 참여자들이 볼 수 있도록 책상 위에 펼쳐놓는다.

2 사진 선택하기
- 참여자에게 다시는 돌아오지 못할 우주 정거장으로 떠나는 상황을 가정하여 안내한다. 그런 후에 사진 더미에서 우주 정거장에 가져갈 의미 있는 사진 6장을 고르게 한다.
- 고른 사진을 책상 위에 내려놓게 한다. 이후에 진행자는 우주 정거장 사정으로 인해 사진을 한 장씩 빼서 두고 가야한다고 안내한다. 가져갈 수 없는 사진을 오른쪽 옆으로 밀어둔다.
- 6장에서 한 장씩 빼서, 최종적으로 한 장의 사진만 남도록 한다.

3 질문으로 대화하기
- "어떤 사진을 고르셨나요?, 그 이유는 무엇인가요?"
- "만약, 한 장만 가져갈 수 있다면?"
- "사진을 한 장씩 줄일 때 어떤 기준으로 사진을 뺐나요?"
- "최종 사진을 선택하면서 어떤 특별한 생각과 감정이 있었나요?"
- "나에게 가장 소중한 가치는 무엇인가요?"
- 대화를 통해 참여자의 내적인 기준, 가치관을 자각하여 깨닫게 한다.

유의점	- 한 장씩 사진을 빼면서 일어날 수 있는 감정을 중립적으로 대해준다. - 감정이 우울하거나 불안정해질 수 있다. 참여자의 감정을 공감하면서 대한다. - 대화를 통해 참여자의 내적인 기준, 가치관을 자각하여 깨닫게 한다.
응용	- 우주 정거장 대신 '불타는 집', '장기간 여행' 등의 설정으로 변경하여 진행할 수 있다.

'가치관' 활동은 가상의 극한 상황에서 드러나는 내면의 가치체계를 탐색한다.

이 활동은 위기 상황에서 내담자가 자신의 중요한 가치를 발견할 수 있도록 도와 줍니다. 다시는 돌아올 수 없는 곳으로 떠나야 하는 상황은 두렵고 내키지 않지만, 그곳에 가져갈 사진을 선택하게 합니다. 그러나 사진을 모두 가져갈 수 없는 상황이 벌어집니다. 사진을 한 장씩 줄여가면서 최종적으로 한 장만 남기게 됩니다.

"만약, 한 장만 가져갈 수 있다면?"

마지막으로 선택한 사진은 자신이 부여한 최고의 의미를 반영합니다. 이를 통해 내면의 가치를 깨닫게 되면, 삶에서 실질적인 변화를 촉진할 수 있습니다. 필자는 이 활동을 통해 많은 사람이 자신에게 정말 소중한 가치가 무엇인지 깨닫는 모습을 보았습니다. 상당수가 가족사진을 갖고 있지 않아 속상해했고, 가족의 사랑이 가장 중요하다고 인식했습니다. 위기의 상황에서 드러나는 가치가 진실이라면, 그것은 따뜻함과 행복을 지니며 존재의 의미를 함께 합니다.

이 활동은 사진을 한 장씩 빼는 과정에서 감정의 변화를 자연스럽게 일으킵니다. 아픔, 분노, 상실의 감정은 자신의 가치관과 충돌할 때 크게 나타납니다. 가상 현실에 이입되는 만큼 감정은 강렬할 수 있으며, 자신이 소중하게 여기는 가치로 인해 나타나는 감정은 자신을 더 깊게 알아가는 기회를 줍니다. 이 활동은 개인의 가치관을 명확히 하고, 삶의 방향성을 재확립하는 데 중요한 역할을 합니다. 자신의 가치를 다시 한번 돌아보며, 긍정적인 변화의 기반을 다지는 경험을 해 보시길 권합니다.

신념 #6
믿음
Vision Theme Based Activity 6

목적 • 초월적 믿음

효과 • 종교와 영성에 영향을 주는 믿음 탐색
      • 인생의 비전에 영향을 주는 영성 탐색

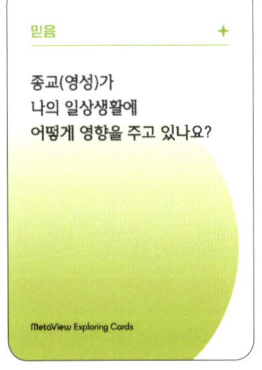

1 준비하기
- MetaView Photo Cards
- 준비된 사진을 책상 위에 펼쳐놓는다.

2 사진 선택하기
- 참여자에게 종교나 영성과 관련된 사진을 선택하게 한다.

3 질문으로 대화하기
- "종교나 영성이 나의 일상에 어떻게 영향을 주고 있나요?"
- "종교나 영성으로 이 사진을 선택한 이유가 무엇인가요?"
- "어떤 종교 생활을 하고 있나요?"
- "영성이 일상에 어떻게 영향을 주나요?"
- "종교 생활이 일상에 어떤 영향을 주나요?"
- "일상에서도 규칙적으로 하는 종교 활동이 있나요?"
- "가장 소중하게 생각하는 믿음은 무엇인가요?"

 유의점	- 종교나 영성에 대한 중립적인 태도를 유지하면서 참여자의 이야기를 적극적으로 경청한다. - 각자의 신념과 경험을 존중하며 공감하는 태도를 보인다.
응용	- 모든 신념이 자신의 삶과 비전, 목표에 어떻게 영향을 주는지 탐색한다. - 종교나 영성뿐만 아니라 다른 가치관이나 신념에 대해서도 탐색한다.

'믿음' 활동은
종교와 영성에 관련된 신념을 탐색하는 과정이다.

"종교(영성)가 나의 일상에 어떻게 영향을 주고 있나요?"

이 질문에 어딘가를 향해 갈구하는 몸짓을 보이는 사람의 사진을 고른 그가 이렇게 말했습니다.

"갈망에 매달리는 모습이 저 같아요. 스스로 이루지 못하니 깨달은 이의 곁에라도 있어서 혜택을 볼까 매달리는 모습이라고 할까요. 저는 영적인 가르침을 배우려고 해요. 그런데 노력해도 작심삼일이고, 마음이 흐트러져서 집중을 잘하지 못해요. 단지 그 마음이라도 잡고 있으려고 하는 정도예요."

'깨달은 자를 잡는 마음'이 집착과 욕망이어도, 성장하기 위해서 매달리는 것이 도움이 된다고 말하고 있었습니다. 무엇보다 가르침을 배우려는 갈망은 강한 영적인 신념을 보여줍니다. 영적인 가르침을 통해 삶의 어려움을 극복하려는 신념이 영성과 일상의 관계, 그리고 변화와 성장에 어떻게 연결되는지를 알게 했습니다.

이 활동은 내적 성장을 이끌어줄 초월적인 신념과 가치를 살펴보면서 영적인 변화와 성장을 추구하는 데 목적이 있습니다. 영성을 표현하는 사진을 고르게 하면, 영성의 강점이 뚜렷한 사람들은 현실을 초월하는 신비로운 이미지를 고르거나 종교적(영적) 내용의 상징적인 사진을 선택하는 경향을 보입니다. 이러한 사진의 선택은 강인한 믿음을 기반으로 합니다. 이렇게 현재의 삶에서 종교와 영성과의 관계를 살펴보는 것은 삶의 방향성을 볼 때 큰 의미가 있을 것입니다.

관계
With My Surroundings

#1~6

관계 #1	관계 #2	관계 #3
가족 관계	**부모 관계**	**관계 욕구**
가족과 나의 관계를 표현하는 사진을 고르세요.	부모님을 상징하는 사진을 고르세요.	가장 좋아하는 사진을 한 장 고르세요.

관계 #4	관계 #5	관계 #6
미해결 관계	**긍정 관계**	**상생 관계**
그립거나 잊을 수 없는 사람을 상징하는 사진을 고르세요.	응원, 지지, 깨우침을 주는 사람을 상징하는 사진을 고르세요.	세상과 어떻게 관계를 맺고 있는지, 상자에 사진을 붙여서 표현해 보세요.

단계	1	2	3	4	5	6
주요 내용	가족 관계	부모 관계	관계 욕구	미해결 관계	긍정 관계	상생 관계

인간은 사회적 동물로서 관계를 통해 자신을 이해하고 상대를 알아가며, 이러한 관계 속에서 배워갑니다. 미국의 언론인인 아리아나 허핑턴Arianna Huffington은 "사람은 관계 속에서 성장하고, 관계는 그 사람을 정의한다"라고 말합니다. 인간의 성장과 발달 과정에서 이처럼 관계는 중요한 역할을 합니다. 하지만 대다수는 인간관계를 가장 어렵게 느끼며, 이로 인해 삶에 어려움을 초래하기도 합니다. 피할 수 없는 인간관계는 삶의 실존적 의미와 밀접합니다. 따라서 관계는 중요하게 다뤄질 필요가 있습니다.

대인관계를 이해하기 위해서는 어린 시절에 형성된 애착 관계를 탐색하는 것이 필요합니다. 애착이란 특정한 사람이나 대상에 대한 정서적 유대감을 말합니다. 애착은 성인이 되어서도 인간관계에 영향을 미치며, 정서적 안정감과 대인관계의 질에 중요한 요소로 작용합니다. 애착 관계는 크게 세 가지, 안정 애착, 불안정 애착, 회피 애착으로 설명합니다. 심리치료는 회피나 불안정 애착을 안정 애착으로 전환을 돕는 과정입니다.

건강한 안정 애착 관계는 부모나 양육자가 일관되게 사랑과 지원을 제공할 때 형성되며, 아이는 안전감을 느끼고 주변 세상에 대해 긍정적인 태도를 보입니다. 불안정 애착은 양육자가 불안정하거나 지나치게 개입할 때 형성되며, 아이는 관계에서 불안이나 혼란을 느끼게 됩니다. 회피 애착은 양육자가 정서적으로 무관심하거나 일관되지 않을 때 형성되며, 아이는 다른 사람과의 관계에서 거리를 두고 독립적인 태도를 보입니다. 가장 긍정적으로 보이는 안정 애착은 상호 작용을 촉진하고, 대인관계의 이해를 도우며, 세상과의 관계를 조화롭게 만듭니다. 이는 많은 사람이 바라는 건강한 관계로 개인의 성장과 세계의 평화를 의미합니다.

관계의 주제 활동은 사진을 통해 가까운 가족 관계부터 탐색을 시작하여, 관계에서의 욕구와 미해결을 다루며 긍정적인 상생 관계로 확장하여 통합해갑니다.

관계 #1
가족 관계

With My Surroundings
Theme Based Activity 1

목적 • 가족 관계 탐색

효과 • 가족 관계의 이해 높이기

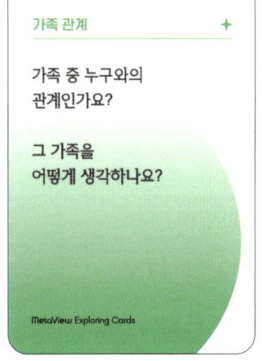

1 준비하기
- MetaView Photo Cards
- 준비된 사진을 책상 위에 펼쳐놓는다.

2 사진 선택하기
- 나와 가족 관계를 표현하는 사진을 고르게 한다.

3 질문으로 대화하기
- "가족 중 누구와의 관계인가요?"
- "이 사진은 가족 중 누구와의 관계를 상징하나요?"
- "그 가족을 어떻게 생각하나요?"
- "서로와의 심리적인 거리는 어느 정도인가요?"
- "이 사진에 드러나지 않은 어떤 이야기가 있나요?"

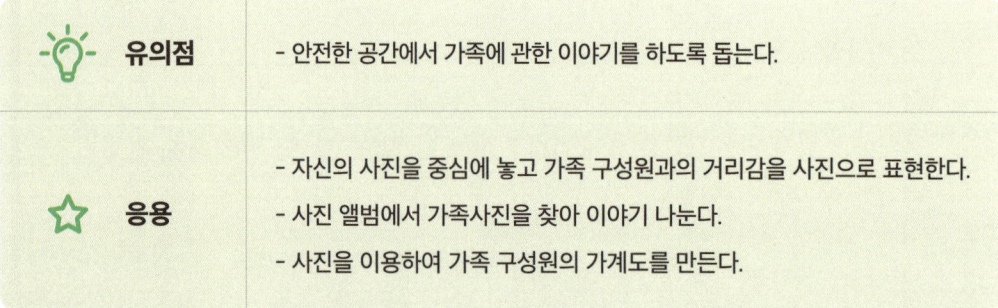

	유의점	- 안전한 공간에서 가족에 관한 이야기를 하도록 돕는다.
☆	응용	- 자신의 사진을 중심에 놓고 가족 구성원과의 거리감을 사진으로 표현한다. - 사진 앨범에서 가족사진을 찾아 이야기 나눈다. - 사진을 이용하여 가족 구성원의 가계도를 만든다.

**관계 활동은 '가족 관계'에서 시작하여
긍정적인 상생 관계로 확장해 나간다.**

모든 관계의 뿌리는 가족에서 시작됩니다. 우리는 태어나자마자 처음 만난 엄마와 아빠, 그리고 가족 구성원들과의 관계를 통해 인간관계를 형성하기 시작합니다. 이러한 관계의 시작 방식에 따라 대인관계에 대한 이해와 대처 방식이 달라집니다. 가족에서 형성된 관계는 자신을 알게 하고, 타인을 이해하는 데 도움을 줍니다. 성인이 되어 자신을 돌아보고 세상을 더 깊이 이해하기 위해서는 가족 관계로 다시 돌아가 자신을 살펴보는 것이 필요합니다.

사진 한 장을 앞에 두고, 추억에 잠긴 그가 말합니다.

"이 사진은 어릴 때 선물을 주시던 부모님을 떠올리게 해요. 크리스마스가 되면 사탕과 초콜릿을 사 오셨죠. 그땐 크리스마스가 뭔지도 몰랐어요. 가족끼리 카드를 그리고 주었던 기억이 납니다. 제가 고른 이 사진에는 예쁜 상자가 보이네요. 크리스마스나 생일이면 선물을 주고받았는데, 한 동생은 유독 선물을 좋아해서 받으면 바로 풀지 않고 방에 잔뜩 보이게 진열하곤 했어요. 그만큼 받았다고 자랑하는 동생이 떠오릅니다."

가족과 관련된 기억은 내면의 관계성을 일깨워 줍니다. 가족에 대한 그리움, 욕심, 아쉬움, 원망 등 다양한 감정이 사진을 통해 이야기로 풀려나기 시작합니다. 가족사진은 자신의 뿌리를 보여주는 중요한 자료입니다. 그래서 가족 앨범을 펼쳐서 그 시절의 기억을 더듬는 것은 즐거움이자, 어쩌면 고통일 수도 있지만, 동시에 가족을 이해하고 배우는 소중한 시간이기도 합니다. 가족의 역사 속에서 자신이 어떻게 존재하는지를 배우는 것이죠.

관계 #2
부모 관계

**With My Surroundings
Theme Based Activity 2**

목적 • 부모와의 애착 탐색

효과 • 부모와의 애착 탐색을 통한 관계 이해

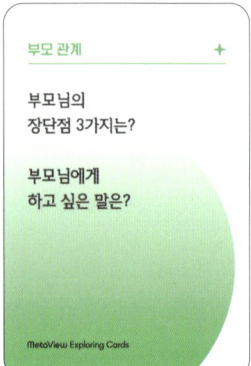

1 준비하기
- MetaView Photo Cards
- 준비된 사진을 책상 위에 펼쳐놓는다.

2 사진 선택하기
- 부모 또는 조부모(또는 실제 양육자)를 상징하는 사진을 골라보게 한다.

3 질문으로 대화하기
- "부모님의 장단점 3가지는?"
- "부모님과 나와 닮은 점 세 가지는?"
- "부모님을 상징하는 사진에는 어떤 모습이 표현되고 있나요?"
- "부모님에게 하고 싶은 말은?" 또는 "소원이 있나요?"
- "부모님 모습을 따라 할 수 있을까요?"
- "부모님이 주신 정신적인 유산에 무엇이 있을까요?"

 유의점
- 복합적인 감정을 표현할 수 있도록 안전감과 공감과 존중을 해준다.
- 애착의 종류(안정 애착, 불안정 애착, 회피 애착)에 따른 반응을 살펴 대화를 나눈다.
- 부모님의 사진을 응시하거나 몸짓을 흉내 내면서 공감의 경험을 돕는다.

 응용
- 내면 아이의 모습을 사진으로 고르고 성장하도록 대화를 한다.
- 부모님이 좋아할 내 모습을 사진으로 고르고 대화를 한다.

'부모 관계' 활동은 부모와의 애착 관계와 부모상을 사진으로 살펴보는 것이다.

부모와의 관계는 성장하면서 이성 관계와 사회적 관계로 확장됩니다. 그러나 부모에 대한 긍정적이고 부정적인 이미지를 모두 통합하여 바라볼 수 있을 때 비로소 우리는 부모에게서 분리되어 독립한 성숙한 어른이 될 수 있습니다.

"도로를 달리는 차 사진을 보니 아버지가 떠올라요."

"왜죠?"

"여름 방학이면 아버지가 우리 식구들을 데리고 여행을 가주셨어요. 어릴 때는 몰랐는데, 아버지처럼 가족을 챙기는 게 얼마나 어렵고 힘든 일인지 새삼 느껴요."

"좋은 추억인가요?"

"네, 그렇게 볼 수도 있지만, 그땐 귀찮고 힘들어서 가끔 안 따라가기도 했어요."

"무엇이 가장 힘들었나요?"

"기억이 잘 안 나요. 뭐, 불편한 잠자리? 더운 여름에 좁고 습한 공간에 피난민처럼 다 같이 지내야 했어요. 여행지의 비싼 요금에 제대로 먹지도 못할 때도 있었고요."

"그랬군요. 그래도 그때의 부모님처럼 지금 행동할 수 있을까요?"

"글쎄요. 흠, 할 수 있긴 하지만 좀 다르게 하고 싶어요. 우리에게 뭘 원하는지 물어보셨으면 좋았을 것 같아요. 아, 알았어요. 불편했던 게 무엇인지 이제 알겠어요. 저는 존중받고 배려 받기를 원했어요."

관계 #3
관계 욕구

With My Surroundings
Theme Based Activity 3

목적 • 관계와 갈등 관계 탐색

효과 • 관계의 탐색을 통해 마음 알아가기

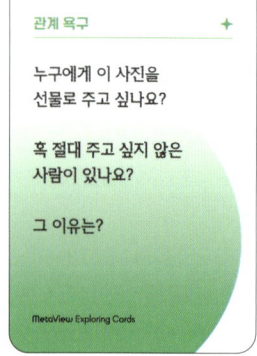

1 준비하기
- MetaView Photo Cards
- 준비된 사진을 책상 위에 펼쳐놓는다.

2 사진 선택하기
- 가장 좋아하는 사진을 선택하게 한다.

3 질문으로 대화하기
- "누구에게 이 사진을 선물로 주고 싶나요? 그 이유는?"
- "혹 이 사진을 절대 주고 싶지 않은 사람이 있나요? 그 이유는?"

 유의점	- 애착의 종류(안정 애착, 불안정 애착, 회피 애착)에 따른 반응을 살펴 대화를 나눈다. - 선물로 마음을 교류할 수 없는 경우, 관계 탐색을 주의 깊게 살펴본다.
 응용	- 사진 앨범에서 자신이 가장 좋아하는 사진을 골라 위 방법을 진행한다. - 나의 돌봄을 위해 원하는 것, 필요한 것, 해야 하는 것이 무엇인지 대화를 나눈다.

'관계 욕구' 활동은
가슴에 쌓인 부정적인 욕구와 상처, 갈등을 살펴보는 것이다.

억압된 감정을 풀 수 있다면 가슴이 가벼워지고, 자신과 타인에 대한 신뢰와 감사의 마음이 생기게 됩니다. 가장 좋아하는 사진으로 고른 사진은 두 사람이 껴안고 있는 모습이었습니다. 그는 이 사진을 보기만 해도 행복해서 좋다고 했습니다.

"이 사진을 다른 누군가에게 줄 수 있을까요?"

"어, 나 혼자 보려 했는데, 누굴 줘야 하나요?"

"만약에 준다면, 현재 사귀고 있는 OO에게 주고 싶어요."

"OO에게요? 이유가 있나요?"

"자기밖에 모르는 그 사람이 이 사진을 보고 반성했으면 싶어서요."

"반성이요? 뭔가 깨달았으면 싶은가요?"

"이렇게 행복하게 살면 좋잖아요. 그 사람은 나에게 이렇게 못해요. 불쌍해요. 이 사진이 그 사람에게 위로가 되었으면 좋겠어요. 어… 사실은 그 사람이 이런 사람이었으면 좋겠어요."

누군가에게 사진을 준다는 것은 내면의 상징을 전달하는 것입니다. 직접적으로 말하기 어려웠거나 알지 못했던 의미와 욕구를 은근슬쩍 표현하는 방법이기도 합니다. 내면에 쌓인 욕구가 무엇인지 이렇게 사진으로 하나씩 풀어간다면, 세상이 밝아질 것 입니다. 우리가 원하는 마음을 표현할 때, 상대방이 그 마음을 충분히 수용해 준다면, 마음의 상처를 토닥토닥해 주는 따뜻한 시간이 될 것입니다. 사진으로 마음을 나누는 것은 가장 아름다운 선물이 될 수 있습니다.

관계 #4
미해결 관계

With My Surroundings
Theme Based Activity 4

목적 • 미해결 관계의 마음 탐색과 이완

효과 • 욕구 자각 및 이완 • 심리 안정 돕기

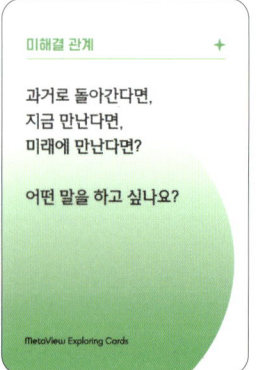

1 준비하기
- MetaView Photo Cards
- 준비된 사진을 책상 위에 펼쳐놓는다.

2 사진 선택하기
- 그립거나 잊을 수 없는 사람이 있다면, 그 사람을 상징하는 사진을 고르게 한다.

3 질문으로 대화하기
- "과거로 돌아간다면, 지금 만난다면, 미래에 만난다면?"
- "어떤 말을 하고 싶나요?"
- "상실에 대해 어떤 위로를 받고 싶나요?"

 유의점
- 현실을 기반으로 과거, 현재, 미래의 욕구를 자각하고 내려놓기를 돕는다.

 응용
- 현재의 나와, 과거의 나를 통해, 관계를 놓지 못하는 이유를 탐색한다.
- 나의 돌봄을 위해 해야 하는 것이 무엇인지 대화 나눈다.

'미해결 관계' 활동은 이미 멀어져 다시 만나기 어려운 관계나 생사를 달리한 관계에서의 욕구를 다룬다.

우리의 삶에는 정리되지 않은 많은 관계가 있습니다. 그때 해야 할 말이나 행동이 이루어지지 않아서 가슴에 남아 있는 미해결 관계입니다. 시간이 지나도 잊히지 않는 것은 그만큼 중요하거나 상처가 깊은 것입니다. 이런 감정을 치유하기 위해서는 자신의 감정을 솔직하게 표현하는 대화가 도움이 됩니다. 이 과정을 통해 관계를 정리하고 마음의 짐을 덜 수 있습니다.

연인의 사진을 고른 그녀는 마음이 착잡해 보였습니다. 여전히 그립고 보고 싶은 마음이 있어 보였습니다. 그와 마지막으로 나눈 대화가 아주 아쉽다고 했습니다. 세상을 떠나기 직전, 옆에 함께 있어 주지 못하고 마음을 따뜻하게 해주지 못한 것에 대해 아직도 죄책감을 느끼고 있었습니다. 마치 자신이 잘못해서 그가 떠난 것처럼.

저세상으로 떠난 이를 이생에서 다시 만날 수는 없습니다. 그래서 많이 안타깝고 그리울 수 있습니다. 그러나 만날 수 없어도 마음은 연결되어 전달할 수 있다고 믿어보세요. 갈 수 없는 저세상의 사람에게 그때 못 했던 말을 전해보세요.

그를 연상시키는 사진을 보면서 눈물과 함께 뜨문뜨문, 그러나 길게 말이 이어졌습니다. 하고 싶은 말을 모두 다 마친 후, 그녀의 얼굴에 환한 빛이 떠올랐습니다. 이렇게 사진은 관계를 잇는 다리가 되어 마음을 전해주는 통로가 되었습니다.

관계 #5
긍정 관계

With My Surroundings
Theme Based Activity 5

목적 • 긍정 관계의 자원을 탐색하기

효과 • 긍정 관계의 탐색 및 강화 • 선순환의 행동 촉진하기

1 준비하기
- MetaView Photo Cards
- 준비된 사진을 책상 위에 펼쳐놓는다.

2 사진 선택하기
- 자신에게 정서적 지지, 경제적 지원, 정신적 깨우침을 주는 사람을 상징하는 사진을 고르게 한다.
- "응원과 지지, 깨우침을 주는 사람을 상징하는 사진을 고르세요."

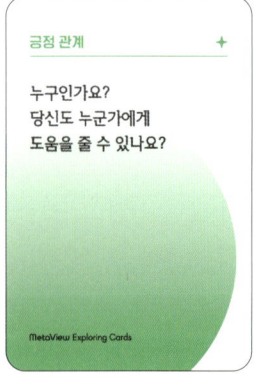

3 질문으로 대화하기
- "누구인가요?, 어떤 도움을 받았나요?"
- "어떤 일로 응원을 받았나요?"
- "사진에 이름을 붙인다면? 그 이유는 뭔가요?"
- "당신도 누군가에게 도움을 줄 수 있나요?"

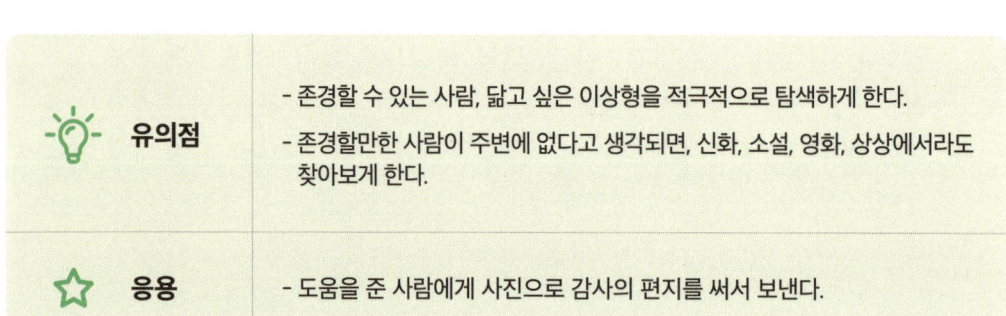

유의점
- 존경할 수 있는 사람, 닮고 싶은 이상형을 적극적으로 탐색하게 한다.
- 존경할만한 사람이 주변에 없다고 생각되면, 신화, 소설, 영화, 상상에서라도 찾아보게 한다.

응용
- 도움을 준 사람에게 사진으로 감사의 편지를 써서 보낸다.

'긍정 관계' 활동은
자신에게 긍정적인 자원이 되는 관계를 탐색하게 한다.

"나를 믿어주었던 선생님이 있었어요. 내 능력을 알아봐 주고 칭찬해 주신 게 기억나요. 그때부터 저는 자부심을 느끼고 적극적으로 공부할 수 있었어요."

"그 마음이 이 사진에서 날아가는 새인가요?"

"맞아요. 그분은 나를 날게 해 주신 분이에요. 그분은 지금도 남부럽지 않게 자유롭게 사시는 분이에요."

살아가는 동안 의미 있는 타인이 있습니다. 내가 좋아하고 사랑하는 사람만이 의미가 있는 것은 아니죠. 나에게 필요한 조언을 해 줄 수 있는 사람, 내가 언제든 믿고 의지할 수 있는 사람. 나와 비슷한 가치관을 가지고 무엇인가 함께 하고 나눌 수 있는 사람, 친밀감을 느끼면서 대화할 수 있는 사람, 그리고 서로를 인정하고 존중해 주는 사람 등이 있습니다.

우리가 살아가면서 아픔과 어려움을 겪을 때마다 심리적인 안정과 지지를 주는 긍정적인 관계가 필요합니다. 이러한 긍정적인 관계는 아픔의 회복과 성장을 돕습니다. 만약 그런 관계가 없다면, 자신의 대인 관계를 돌아보고 어떤 변화가 필요한지 살펴보아야 합니다.

이 활동은 긍정적인 관계의 중요성과 그로 인해 얻는 관계에 대한 인식을 높여줍니다. 자기 삶에서 긍정적인 영향을 미친 사람들을 떠올리며, 그 관계가 자신에게 어떤 의미가 있는지를 깊이 탐구하게 됩니다. 인생의 보물처럼 소중한 사람을 만나 보세요.

관계 #6
상생 관계

With My Surroundings
Theme Based Activity 6

목적 • 함께 사는 관계의 통합적 관점

효과 • 관계의 다면적 복합성의 통합

1 준비하기
- MetaView Photo Cards, 잡지, 상자, 미술 재료, 풀, 가위
- 다양한 사진을 책상 위에 펼쳐놓는다.

2 사진 선택하기
- 나와 관계하는 세상 모든 것, 예를 들면, 가족, 친구, 사회문화, 자연, 종교와 영성, 과학, 예술과 어떻게 관계를 맺고 있는지 생각해 보면서 사진을 고르게 한다.

3 상자 작업하기
- 상자에 사진을 붙여서 특정한 관계를 표현해 보게 한다.

4 질문으로 대화하기
- 모든 관계를 표현한 사진이 통합된 사진 상자를 보면서 대화를 나눈다.
- "어떤 관계의 이야기가 있나요?"
- "나는 세상과 어떻게 관계를 맺고 있나요?"
- "나는 어떤 관계를 맺고 있나요? 고른/편중된 관계를 맺고 있나요?"

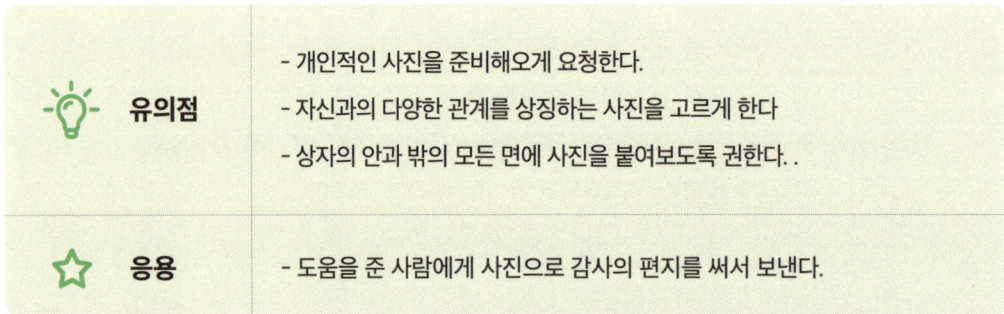

유의점	- 개인적인 사진을 준비해오게 요청한다. - 자신과의 다양한 관계를 상징하는 사진을 고르게 한다 - 상자의 안과 밖의 모든 면에 사진을 붙여보도록 권한다. .
응용	- 도움을 준 사람에게 사진으로 감사의 편지를 써서 보낸다.

**관계 주제 활동의 마지막은 '상생 관계'로
모두 함께 어울려 사는 상생 관계를 생각해 보는 과정이다.**

상생의 관계는 서로에게 긍정적인 영향을 주어 영적으로 성장하도록 합니다. 행복하고 사랑이 넘치는 아름다운 이상적인 관계입니다. 또한 상생은 우리가 모두 서로 연결되어서 살아가는 공동체의 환경을 자각하는 것입니다.

나와 관계되는 모든 것과 관련된 사진을 준비한 후, 준비한 상자의 안과 밖에 사진을 붙여 꾸미는 시간을 가집니다. 사진으로 상자를 꾸미는 과정은 시간 가는 줄 모르고 몰입하게 됩니다. 처음에는 자신과 관계된 사진을 고르며 떠오르는 추억에 가슴이 뭉클해져 울컥하기도 합니다. 다양한 사진을 손으로 찢고, 가위로 오리고, 풀로 붙이면서 동심으로 돌아가 노는 듯한 즐거움을 느낍니다. 사진을 안에 붙일지, 겉에 붙일지 고민하면서 작업을 하기도 합니다. 하지만 이렇게 즐겁게 작업한 결과물은 상상 이상으로 많은 의미를 담고 있습니다.

완성된 사진 상자는 자신이 생각하는 모습과 관계성을 나타냅니다. 사진을 안에 붙이고 싶은지, 겉에 붙이고 싶은지를 살펴보면 사람들과 어떻게 관계를 맺고 있는지를 직관적으로 이해하게 됩니다. 어떤 사진에 다른 사진을 옆에 붙이고 싶은지도 감각적으로 그 이유를 알게 됩니다. 이렇게 하나씩 사진을 붙여나가면서 만들어진 사진 상자는 살아온 많은 관계를 한순간에 통합하여 보여줍니다.

이 활동은 상생의 의미를 되새기고, 서로의 관계에서 긍정적인 영향을 주고받는 방법을 탐구하는 기회를 제공합니다. 이를 통해 개인의 성장뿐만 아니라 공동체의 유대감을 강화하는 데에도 기여할 수 있습니다.

기억
Memory

#1~6

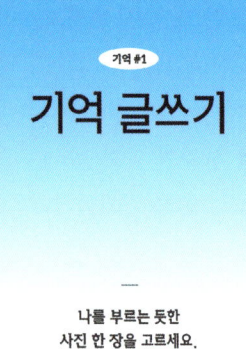

기억 #1

기억 글쓰기

나를 부르는 듯한
사진 한 장을 고르세요.

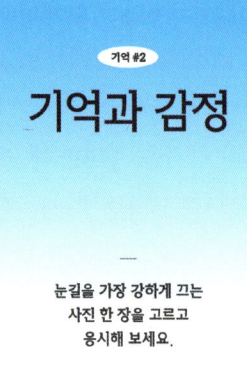

기억 #2

기억과 감정

눈길을 가장 강하게 끄는
사진 한 장을 고르고
응시해 보세요.

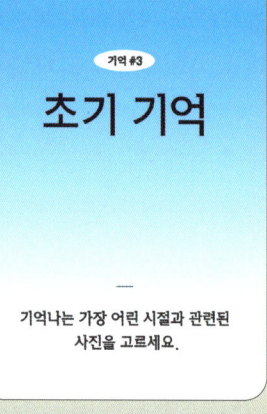

기억 #3

초기 기억

기억나는 가장 어린 시절과 관련된
사진을 고르세요.

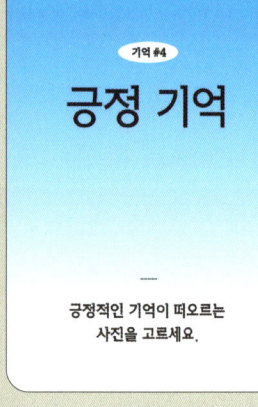

기억 #4

긍정 기억

긍정적인 기억이 떠오르는
사진을 고르세요.

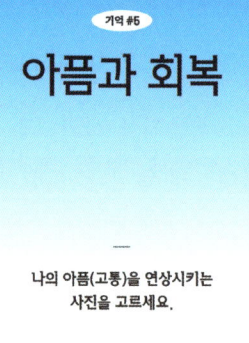

기억 #5

아픔과 회복

나의 아픔(고통)을 연상시키는
사진을 고르세요.

기억 #6

기억의 통합

나의 인생 연대기와 관련된
사진을 고르세요.

단계	1	2	3	4	5	6
주요 내용	기억 글쓰기	기억과 감정	초기 기억	긍정 기억	아픔과 회복	기억의 통합
구분	탐색과 표현			수용과 인정		통합

"기억은 우리에게 무엇이 중요한지를 알려주는 나침반이다"라는 마크 트웨인 Mark Twain의 말은 기억의 본질을 깊이 성찰하게 합니다. 우리는 다양한 것들을 기억할 수 있지만, 어떤 기억을 소중하게 여기는지는 개인마다 다릅니다. 미국 작가 마르타 뉴먼 Martha Newman은 "과거의 기억은 현재의 선택을 형성하고, 미래의 가능성을 결정하는 데 중요한 역할을 한다"라고 말합니다. 즉, 기억을 통해 우리는 현재를 이해하고 미래를 향해 나아가는 방향을 찾을 수도 있습니다. 따라서 무심코 떠올리는 기억에도 각자의 경험과 가치관이 녹아 있음을 자각하는 것이 필요합니다.

사진은 과거와 연결된 기억을 쉽게 불러오는 매체입니다. 기억의 모든 활동은 사진을 촉매로 하여 이루어집니다. 사진가 제이콥 리스 Jacob Riis는 "기억은 사라질 수 있지만, 사진은 그 순간을 영원히 간직한다"라고 말했습니다. 사진으로 기억을 재조명하는 과정을 본 활동에서 만나봅니다.

사진을 통한 기억 탐색은 자기 이해를 심화시키는 과정입니다. 과거의 미해결 문제나 긍정적이거나 부정적인 경험에 대한 기억을 어떻게 수용하고 대처할지 살펴보게 됩니다. 기억의 주제 활동은 사진을 활용한 '기억 글쓰기'로 시작합니다. 사진으로 기억을 촉진하고 깨어난 기억을 탐색하고 수용하며 통합하는 과정을 거칩니다.

기억 #1
기억 글쓰기

Memory Theme
Based Activity 1

목적
- 사진으로 기억 연상하기

효과
- 자유롭고 편안하게 기억 연상하기
- 타인의 시선에 개의치 않는 안전한 심리적인 이완
- 판단하는 기록으로 감정 이완과 수용
- 글을 쓰면서 자신과 거리 두고 객관적으로 보기

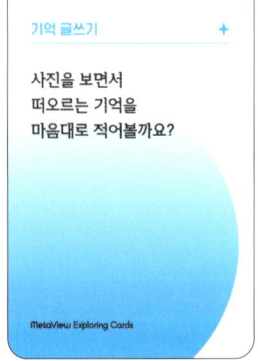

1 준비하기
- MetaView Photo Cards, 종이, 필기도구
- 다양한 사진을 책상 위에 펼쳐놓는다.

2 사진 선택하기
- 참여자에게 눈길을 끄는 사진을 한 장 선택하고 응시하게 한다.

3 사진 글쓰기
- "사진을 보면서 떠오르는 기억을 마음대로 적어볼까요?"
- 어떤 기억이든 보여주지 않아도 되는 글쓰기 시간을 준다.

4 질문으로 대화하기
- 작성 후 쓴 글을 원하는 대로 정리하고 사진으로 글 쓴 경험이 어떠한지 대화를 나눈다.

 **유의점**
- 안전한 공간에서 어떤 비난이나 판단과 평가 없는 글쓰기를 권한다.
- 남에게 평가 받지 않는 글의 비밀보장과 안전함을 강조한다.

 응용
- 사진 앨범에서 사진 한 장을 골라 떠오르는 대로 글쓰기를 한다.
- 가능하다면, 기억에서 연상된 것을 말이나 그림, 몸으로 표현할 수 있다.

> **'기억 글쓰기' 활동은
> 부담 없이 기억을 탐색하고 표현할 수 있도록
> 남에게 보여주지 않고 글을 쓰는 과정이다.**

내담자가 상담자를 두려워할 수 있습니다. 상담을 받는 과정에서 내담자는 자신의 문제가 이해받기보다는 비난받거나 공격받을까 걱정할 수 있습니다. 또한, 자신의 문제가 좋지 않은 인상을 줄까 두려워하거나, 자신의 문제를 솔직하게 말하는 것에 대해 수치심을 느낄 수도 있습니다. 이러한 감정들은 상담 초기 단계에서 흔히 나타나는 것으로, 내담자가 상담자에게 마음을 열기까지는 시간이 걸릴 수 있습니다.

저는 그런 분을 위해 끌리는 사진을 고르게 한 후, 그 사진을 보면서 떠오르는 대로 마음껏 글을 쓰도록 권합니다. 그리고 한 가지 조건을 제시합니다. 그것은 사진을 보고 나름 솔직하게 글을 쓰되, 저에게 보여주지 않아도 되는 것입니다. 보통 상담을 받으러 온 입장에서 자신이 쓴 글을 보고 대화를 나눌 것이라고 기대하기 때문에 제 말에 조금은 의아해하기도 하면서도 이 제안을 잘 받아들이고 대부분 열심히 글을 씁니다.

어느 분은 글쓰기가 말로 속을 푸는 것보다 편안했다고 합니다. 이처럼 저와 신뢰가 쌓일 때까지, 그것이 언제까지든 안전한 심리적인 공간을 주는 것이 필요합니다. 우리가 내놓은 어떤 기억이 남들에게 평가를 받는다면, 그 기억을 드러내는 것이 고통으로 느껴질 수 있습니다. 어쩌면 우리는 이미 이런 경험을 많이 했었을지도 모릅니다. 그래서 민감하고 날카로운 감정 상태라면, 자신을 안전하게 만나도록 돕는 것이 가장 우선시되어야겠지요. 사진을 보면 떠오르는 기억이 누군가의 의견에 부딪히지 않고 자유롭게 펼쳐질 수 있도록 안전하고 지지적인 환경을 제공하는 것, 그것이 상담의 첫 시작이 되어야 합니다.

기억 #2
기억과 감정
Memory Theme Based Activity 2

목적 • 기억과 감정을 자각하고 표현하기

효과 • 심리 내면의 자각과 이완의 경험

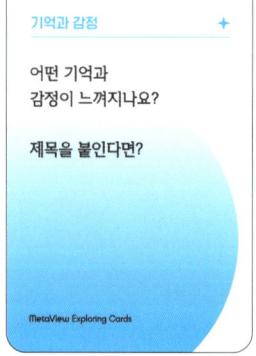

1 준비하기
- MetaView Photo Cards, 종이, 미술 재료
- 다양한 사진을 책상 위에 펼쳐놓는다.

2 사진 선택하기
- 참여자에게 가장 눈길을 끄는 사진을 한 장 선택하고 2분간 응시하게 한다.

3 질문으로 대화하기
- "어떤 기억과 감정이 느껴지나요?"
- "그 감정에 외에 다른 감정이 더 있나요?"
- "사진에 제목을 붙인다면?"
- 다양한 모든 감정이 자신을 위해 '그렇게 느낄 수 있다'라고 인정해 준다.
- 그 기억과 감정에 관한 이야기를 대화로 이어간다.

 **유의점**
- 끌리는 사진을 보고 아무것도 느껴지는 감정이 없다고 하면, 사진을 응시하는 시간을 더 갖도록 권한다.
- 감정을 표현할 수 있도록 안전감과 공감과 존중을 해준다.
- 모든 감정은 자신을 위해 존중될 수 있도록 돕는다.

 응용
- 감정 표현을 높이기 위해 색종이, 몸, 그림의 선으로도 표현할 수 있다.

**'기억과 감정' 활동에서는 기억에 따라오는 감정을 탐색하면서
그 감정을 이완하는 방법을 적용한다.**

기억은 단순히 과거를 떠올리는 것만이 아니라, 그 경험을 현재의 시점에서 이해하는 과정이 중요합니다. 그러하기 위해서 기억을 떠올리게 하는 감정을 잘 탐색하는 것이 필요합니다.

내담자가 고른 사진은 거친 땅 위에 빨갛게 맺힌 산딸기 사진이었습니다. 한여름 산딸기에 어떤 이야기가 있을지 궁금해졌습니다. 내담자는 돌아가신 누군가를 떠올리며 그분이 어떻게 돌아가셨는지, 그리고 이 사진이 왜 그분을 떠올리게 했는지를 이야기해 주었습니다. 그런데 놀랍게도 산딸기는 그분과 직접적인 관련이 없었습니다. 단지 '성묘길에서 본 산딸기'가 상당히 인상적이었을 뿐이라고 했습니다.

이처럼 관련이 없다고 생각되는 산딸기 한 알에서, 그분과의 연결고리가 자연스럽게 형성되었습니다. 그리고 고인과 관련된 슬픈 이야기가 흘러나온 것입니다. 이어주는 것은 무엇이든 될 수 있다는 사실에 감사함을 느낍니다.

이 활동은 과거의 기억과 그에 따른 감정을 탐색하면서, 감정을 이완하고 치유할 수 있는 기회를 제공합니다. 기억이 가져오는 감정의 복잡함을 이해하고, 그것을 통해 스스로를 더 깊이 알아가는 과정이 이루어집니다.

기억 #3
초기 기억

Memory Theme
Based Activity 3

목적 • 기억할 수 있는 초기 기억을 표현하기

효과 • 사진으로 자연스럽게 회상 기억을 경험하기
 • 내면의 아이를 자각하고 성장하기

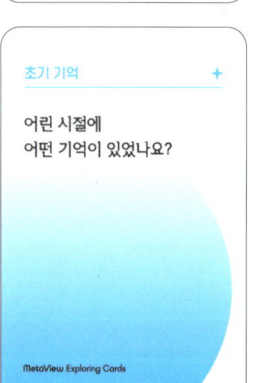

1 준비하기
- MetaView Photo Cards, 개인의 앨범 사진
- 다양한 사진을 책상 위에 펼쳐놓는다.

2 사진 선택하기
- 기억나는 가장 어린 시절과 관련된 사진을 선택하게 한다.

3 질문으로 대화하기
- "가장 어린 시절에 어떤 기억이 있었나요?"
- "기억할 수 있는 가장 어릴 때의 나의 모습은 어떠했나요?"
- "이때로 다시 돌아간다면?"
- "그때 내가 바랐던 것은?"
- 어린 시절의 기억을 어떻게 기억하며 인지하는지 살펴 대화를 나눈다.

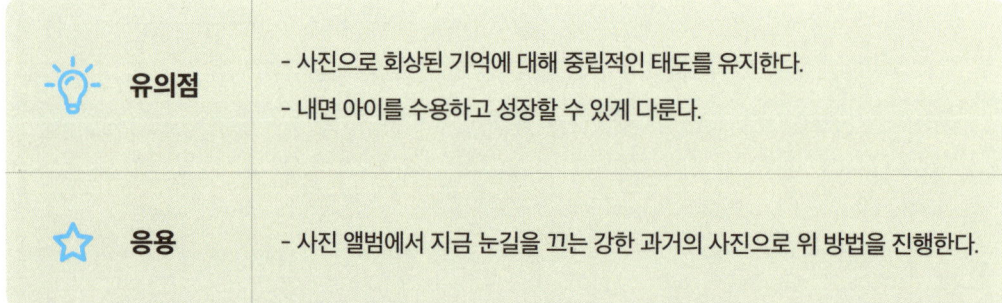

유의점	- 사진으로 회상된 기억에 대해 중립적인 태도를 유지한다. - 내면 아이를 수용하고 성장할 수 있게 다룬다.
응용	- 사진 앨범에서 지금 눈길을 끄는 강한 과거의 사진으로 위 방법을 진행한다.

**기억의 세 번째 활동인 '초기 기억'에서는
많은 기억 중 가장 어릴 때의 기억을 탐색하는 과정이다.**

강아지가 어딘가를 쳐다보고 있는 사진을 고른 그와 대화를 나누었습니다.

"어린 시절에 어떤 추억(경험)이 있었나요?"

"어릴 때 기다리고 있던 제 모습이 떠올랐어요. 강아지처럼 무작정 엄마 아빠를 기다렸던…"

"그때 기분이 어땠나요?"

"무섭고 힘들었고, 그렇지만 제가 할 수 있었던 건 오로지 기다리는 것뿐이었어요."

"그랬군요. 만약 이때로 돌아간다면 어떻게 하고 싶나요?"

"부모님이 오시면, 울면서 소리치고 싶어요. 무서웠다고요, 혼자 있는 게 힘들었다고요. 제 마음을 이렇게 전해주고 싶어요."

이 활동은 자신이 가장 기억할 수 있는 '초기 기억'에서 뿌리 깊은 심리적 영향이나 개인의 기질을 살펴보도록 합니다. 어릴 때 표현하지 못한 두려운 감정을 성인이 되어서라도 자각하는 것은 내면 아이의 성장에 큰 도움이 됩니다. 사진에 고스란히 드러난 어릴 때의 마음은 과거의 상처를 치유하고, 현재의 자신을 더 잘 이해할 수 있도록 합니다.

기억 #4
긍정 기억
Memory Theme Based Activity 4

목적	• 긍정적 기억에서 내적 자원의 탐색 및 구축 • 긍정적 정서 경험하기
효과	• 긍정 기억이 주는 선순환의 기분 경험하기 • 긍정 기억에서 현재의 어려움과 해결의 자원 찾기 • 긍정 기억에서 현재의 현실감을 인정과 수용하기 • 자존감과 정체성 형성 돕기

1 준비하기
- MetaView Photo Cards, 가족사진 앨범
- 다양한 사진을 책상 위에 펼쳐놓는다.

2 사진 선택하기
- 긍정 기억을 떠오르게 하는 사진을 선택하게 한다.
- 예) 행복, 사랑, 보람, 즐거움, 만족, 성취, 쉼 등등

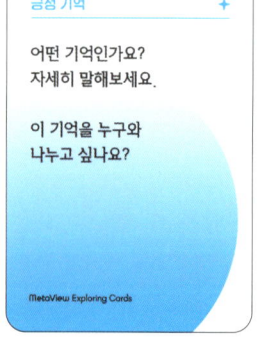

3 질문으로 대화하기
- 행복한 기억에서 긍정적인 자원과 메시지를 탐색하는 질문을 이어간다.
- "어떤 기억인지 자세히 말해주세요!"
- "어려움을 극복한 긍정 기억이 있나요?"
- "나에게 긍정 기억은 어떤 의미인가요?"
- "이 사진이 나에게 말하는 긍정적인 메시지가 무엇일까요?"
- "이 기억을 누구와 나누고 싶나요?"
- "긍정 기억이 나에게 준 선물은 무엇인가요?"

 유의점	- 긍정 기억이 상대적인 현실의 어려움, 상실을 자각할 수 있다.
응용	- 긍정 기억 강화를 위한 '행복' 사진 카드 만들기를 한다. - 사진 앨범에서 긍정의 사진을 찾아서 이야기한다.

**'긍정 기억' 활동은 과거를 회상하면서 개인의 정체성에
의미를 부여하는 기억을 탐색하여 자존감 향상을 돕는 과정이다.**

춤추는 여인의 사진을 고르고 함박웃음을 보이는 그가 말했습니다.

"제가 이랬어요. 길거리에서도 춤을 출 수 있을 만큼 자유로웠어요. 남들 앞에서 주목받고 서는 제가 자랑스러웠죠. 이 사진에는 표정이 안 보이지만, 분명 이 여인은 즐거울 거예요."

"이 사진이 자신에게 주는 메시지가 있을까요?"

"조금 더 즐기면서 살라는 것 같아요. 남의 눈치를 보지 말고, 하고 싶은 대로 펼치라는 메시지예요."

같은 사진을 고른 다른 한 분은 우울한 표정을 짓고 있었습니다.

"저는 이렇게 해본 적이 없어요. 이런 친구가 마냥 부러웠어요."

"이 사진이 자신에게 주는 메시지가 있을까요?"

"이제라도 늦지 않았어, 해보래요!"

이 활동은 사진으로 회상된 긍정적인 기억에서 자아를 확인하게 합니다. 동일한 사진도 누군가에게는 긍정적이거나 부정적인 기억을 동시에 연상시킬 수 있습니다. 그런데도 사진이 주는 내면의 메시지는 긍정적인 방향으로 흐르는 경우가 많습니다. 긍정적으로 새롭게 삶을 이끌어가는 순간을 경험하는 것은 정말 행복한 일입니다.

기억 #5
아픔과 회복

Memory Theme
Based Activity 5

목적	• 부정적인 기억에서 긍정적인 회복 돕기
효과	• 부정 기억의 표현과 회복 • 공감과 지원의 경험 • 부정 기억에서의 현실 자각과 수용 • 내적 자원의 탐색 및 자존감 향상

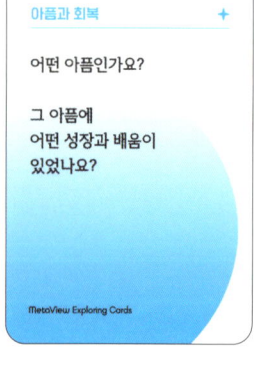

1 준비하기
- MetaView Photo Cards
- 다양한 사진을 책상 위에 펼쳐놓는다.

2 사진 선택하기
- 아픔, 고통, 괴로움을 연상하게 하는 사진을 선택한다.

3 질문으로 대화하기
- 고른 사진을 보고, 따듯하고 수용적인 태도로 대화를 나눈다.
- 참여자의 자원과 회복 과정을 자각하여 깨닫도록 대화를 유도한다.
- "어떤 아픔(고통, 괴로움)인가요?"
- "어떤 기억인가요?"
- "다시 그때로 돌아간다면, 무엇을 하고 싶나요?"
- "이 기억을 누구와 나누고 싶었나요?"
- "그 아픔에 어떤 성장과 배움이 있었나요?"
- "사진에게 어떻게 하면 좋을지 대화하면서 물어보세요."

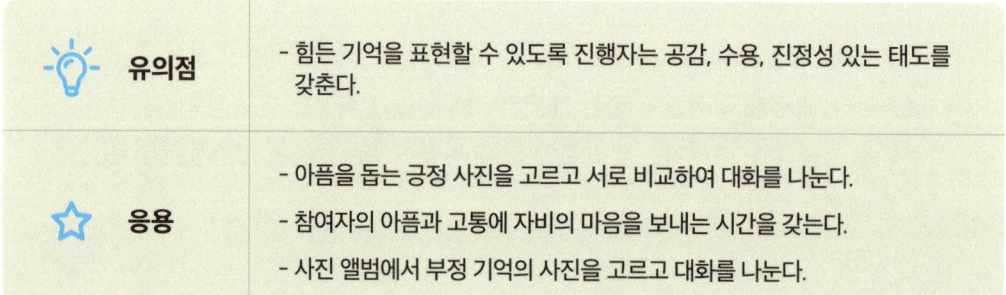

유의점	- 힘든 기억을 표현할 수 있도록 진행자는 공감, 수용, 진정성 있는 태도를 갖춘다.
응용	- 아픔을 돕는 긍정 사진을 고르고 서로 비교하여 대화를 나눈다. - 참여자의 아픔과 고통에 자비의 마음을 보내는 시간을 갖는다. - 사진 앨범에서 부정 기억의 사진을 고르고 대화를 나눈다.

'아픔과 회복'의 활동은 앞선 단계에서 구축한
안정적인 배경을 기반으로 하며, 특히 심리적 외상 기억을 촉진하여
그 아픔과 회복을 다루는 과정을 포함한다.

관계 갈등을 암시하는 사진을 고른 내담자는 가슴이 아프다고 말했습니다. 자신과 멀어진 사람이 연상되어서였습니다.

"어떤 아픔인가요?"

"잘 지내지 못하고 떨어져 있어서요. 보고 싶어 만나도, 왠지 서먹해져요. 힘들어요. 뭐가 어긋나는지 삐끗해져요."

"잘 지내고 싶은 마음이 느껴지네요. 이 아픔을 통해 무엇을 배우거나 성장하고 싶나요?"

"알고 싶어요. 어떻게 해야 할지. 그 사람과 마음 아프지 않게 지내는 방법을 배우고 싶어요."

"그래요. 어떻게 해야 할지 사진에 물어볼래요?"

"사진은 저보고 마음을 더 열래요. 제 마음이 닫혀 있어서 잘 못 지냈나 봐요."

우리는 아픔이 모두 회복되지 않은 채로 가슴에 담고 살아가는 경우가 많습니다. 이 활동은 아픔을 인식하고, 무엇을 어떻게 해야 하는지 찾도록 합니다. 사진에 투사되어 드러난 아픔은 어떤 메시지를 전달합니다. 그 메시지는 나를 위한 무의식이 사랑으로 돌아오는 치유의 메시지입니다.

기억 #6
기억의 통합
Memory Theme Based Activity 6

목적 • 기억의 통합적 관점

효과 • 인생의 기억을 통합하기 • 기억과 현재와의 관계성 이해하기
• 인생의 긍정적 의미 생산하기

1 준비하기
- MetaView Photo Cards, 가족 앨범 사진, 종이, 미술재료, 풀, 가위
- 기억과 관련된 사진을 골라 책상 위에 펼쳐놓는다.
- 나의 인생 연대기(출생부터 현재까지)와 관련된 사진으로 고르게 한다.

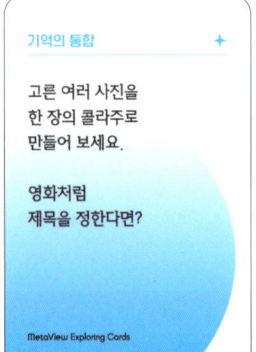

2 사진 콜라주 활동하기
- 사진을 한 장의 종이 위에 콜라주로 구성하게 한다.

3 질문으로 대화하기
- 모든 사진을 통합한 콜라주를 보면서 질문으로 대화를 나눈다.
- "이 사진들을 이 위치로(상하좌우) 배치한 이유가 무엇인가요?"
- "사진 콜라주의 가장 중심에 있는 사진에는 어떤 특별한 의미가 있을까요?"
- "영화처럼 제목을 정한다면?"

	유의점	- 자신의 기억을 제삼자의 관점(관찰자)으로 객관화하여 보도록 권한다.
	응용	- '기억'의 콜라주를 사진으로 찍어 '나의 인생 기억' 사진 카드 만들기를 한다. - 1년 후(특정 기간 설정), 나에게 해주고 싶은 말을 적어 편지를 보낸다.

> '기억의 통합' 활동은 경험한 기억을 전체적으로 조망하면서,
> 그 기억이 현재의 삶에 어떻게 영향을 주는지를
> 탐색하는 시간을 갖는다.

상담 중에 골랐던 여러 사진은 각기 다른 의미를 지니는 듯하지만, 한 군데에 모아놓고 보면 자신의 인생을 돌아보는 듯한 기분이 듭니다. 자신이 찍은 사진이 아니더라도, 어느새 마음이 투사되어 묵직한 인생의 한 단면으로 자리 잡기 때문입니다.

그동안 상담하면서 작업했던 사진들을 다시 배치해 보는 콜라주 활동은 내면을 표현하고 기억을 재조명하게 합니다. 사진이 놓여진 배치는 무의식적으로 내면을 표현합니다. 내면의 그림자와 무의식, 그리고 미해결된 내용이 무엇인지, 미래에 원하는 방향과 긍정적인 바람이 무엇인지를 보여줍니다. 현재 마음의 중심에 어떤 내용이 있는지도 사진 콜라주에 드러납니다. 또한 과거의 기억을 지금의 시점에서 재조명하는 기회를 얻습니다. 위, 아래, 오른쪽, 왼쪽 등 다양한 위치에 놓는 것에서 과거의 기억과 감정을 다시 구성하는 것입니다.

작업한 콜라주를 보고 "영화처럼 제목을 정한다면?"이라는 질문에 대한 대답은 내담자가 자신의 삶을 어떻게 해석하는지에 대한 중요한 단서를 제공합니다. 이 질문을 통해 내담자는 자신이 겪어온 경험들을 통합하고, 그 속에서 얻은 교훈이나 감정을 명확히 할 수 있는 기회를 얻게 됩니다.

이러한 활동은 내담자가 자신의 삶을 돌아보고, 기억의 의미를 깊이 이해하는 데 도움을 주며, 나아가 현재와 미래에 대한 통찰을 얻는 데 도움이 됩니다.

무의식
Exploring Unconsciousness

#1~6

무의식 #1	무의식 #2	무의식 #3
시각 무의식	**상징 무의식**	**반복 무의식**
눈길을 끄는 사진을 선택하고 2분간 사진을 응시해 보세요.	시선이 끌리는 사진에서 '상징'적인 요소를 찾아보세요.	좋아하는 사진을 여러 장 선택해 보세요.

무의식 #4	무의식 #5	무의식 #6
긍정 무의식	**부정 무의식**	**심층 무의식**
나·너·우리를 행복하게 하는 사진을 고르세요.	마음에 전혀 들지 않는 사진을 고르세요.	근원적인 정체성을 말해주는 사진을 고르세요.

단계	1	2	3	4	5	6
주요 내용	시각 무의식	상징 무의식	반복 무의식	긍정 무의식	부정 무의식	심층 무의식

"무의식은 우리의 과거 경험을 저장하고, 현재의 행동에 영향을 미친다." 에리히 프롬Erich Fromm의 이 말은 우리가 살아가면서 거부할 수 없는 무의식의 힘을 느끼게 합니다. 무의식은 의식적으로 인식되지 않으며, 의식 밖의 영역에 존재합니다. 실제로 우리는 의식과 무의식이 서로 연결되어 영향을 주는 관계 속에서 살아가고 있으며, 이러한 상호작용은 우리의 행동과 결정에 깊은 영향을 미칩니다.

심리학자 알프레드 아들러Alfred Adler는 "무의식의 세계는 우리가 의식적으로 인식하지 못하는 감정과 기억으로 가득 차 있다"라고 말합니다. 우리가 무의식을 탐색하게 되면, 현실에 수용되지 못하는 감정과 욕구를 계속해서 발견하게 됩니다. 이는 현재의 어려움에 내재한 부정적인 패턴의 원인을 파악하고 수정하는 데 도움이 됩니다. 무의식에는 트라우마, 정체성, 그리고 감정이 반영되어 있어서 자기 이해와 발견에 필수적입니다.

사진가 안셀 아담스Ansel Adams는 "사진은 기억의 한 조각을 영원히 간직하는 방식"이라 말합니다. 기억의 한 조각을 영원히 남기는 사진에 무의식까지 담고 있다는 사실을 부인할 수 없습니다. 사진을 보는 순간, 우리는 매우 빠르게 인식하지 못했던 무의식과 접촉하여 이를 의식화하는 특성이 있기 때문입니다. 무엇인가 알 수 없는 끌림 자체가 이미 무의식의 표현이니까요. 비록 그것이 일부일지라도, 우리가 무의식의 부분을 사진으로 만나게 되면 자신을 펼쳐가는 기회가 열리기 시작합니다.

무의식 주제 활동은 '시각 무의식'으로 시작하여 '나는 누구인가'라는 질문을 탐구하는 심층 무의식으로 확장됩니다. 특히 무의식의 그림자와 영성의 자각은 개인의 성장과 변화를 강력하게 촉진합니다. 이 과정은 개인이 자신의 내면을 깊이 이해하고, 무의식의 힘을 긍정적으로 활용할 기회를 제공합니다.

무의식 #1
시각 무의식

**Exploring Unconsciousness
Theme Based Activity 1**

목적 • 시각을 통한 무의식 탐색

효과 • 시각 반응 자각하기   • 시각을 통한 무의식 자각

1 준비하기
- MetaView Photo Cards, 휴대폰 사진앨범
- 사진을 책상 위에 펼쳐놓는다.
- 휴대폰의 사진 앨범을 준비한다.

2 사진 선택하기
- 눈길을 끄는 사진을 선택한다.
- 2분간 응시하게 한다.

3 질문으로 대화하기
- "사진에서 보이는 대로 읽어보세요."
- "무엇이 새롭게 보이나요?"
- "어떤 의미일까요?"
- "무엇이 연상되나요?"

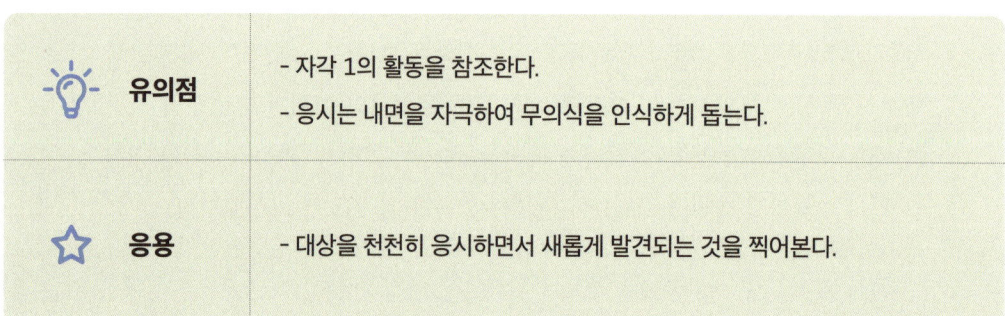

💡	**유의점**	- 자각 1의 활동을 참조한다. - 응시는 내면을 자극하여 무의식을 인식하게 돕는다.
☆	**응용**	- 대상을 천천히 응시하면서 새롭게 발견되는 것을 찍어본다.

'시각 무의식'은 움직이는 눈의 움직임을
사진으로 자각하는 활동이다. 이 활동은 시선이 가는 곳에는
마음이 있다는 이해를 전제로 한다.

"신기해요. 눈이 사진을 보면서 정말 여기저기 움직여요."

"네, 의식하지 않아도 눈이 절로 움직이죠. 그러다가 어딘가 딱 멈추는 데가 있을 겁니다."

"그래요? 그런데 사실 아까부터 자꾸 눈이 가는 곳이 있어요."

"그곳이 어딘가요?"라고 물으니, "여기예요" 하면서 가리키는 곳은 발끝 부분이었습니다.

"그게 어떻게 보이는지 말해보실래요?"

"발끝이 왜 이렇게 날카롭게 느껴지죠? 온몸을 지탱하고 있는 발, 그러나 앞으로 움직여야 하는 발, 갑자기 이런 생각이 떠오르네요."

"새롭게 보이는 게 어떤 의미가 있나요?"

"제가 그동안 제 발도 보지 않고 살았다는 생각이 들어요. 앞만 보기 바빴지, 어딜 딛고 있는지도 안 보고 살았어요."

이 활동은 무의식적인 생각과 감정을 탐색하게 하며, 일상에서 간과했던 부분을 새롭게 인식하게 돕습니다. 사진을 응시하면서 자신의 삶의 방향성과 존재에 대해 다시 생각해 보는 기회를 가져보시길 권합니다.

무의식 #2
상징 무의식

Exploring Unconsciousness
Theme Based Activity 2

목적 • 상징의 무의식적인 의미 탐색

효과 • 심리 내면에서 부여한 의미 탐색   • 깊은 무의식의 내면과 접촉하기

1 준비하기
- MetaView Photo Cards, 필기도구
- 사진을 책상 위에 펼쳐놓는다.

2 사진 선택하기
- 눈길을 끄는 사진을 한 장 선택하게 한 후에 상징적인 요소를 찾게 한다.

3 질문으로 대화하기
- 사진의 상징적인 요소에서 떠오르는 것을 자연스럽게 탐색하며 대화한다.
- "(색, 선, 형태, 사물에서) 무엇이 연상되나요?, 연상되는 것을 적어보세요."
- "어떤 상징인가요?" (상징에는 개인이 부여한 개인적인 상징, 특정 문화에만 통용되는 문화적인 상징, 세계적으로 이해되는 집단 무의식의 상징이 있다.)
- "상징적인 요소들에서 무엇이 연상되나요? 떠오르는 대로 적어보세요."

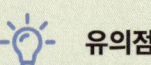 **유의점**
- 꿈이 상징이듯이, 무의식은 상징으로 나타난다.
- 내담자가 상징의 해석을 스스로 찾을 수 있도록 질문을 한다.

 응용
- 나를 상징하는 사진을 고르게 하여 그 의미에 관해 대화를 나눈다.

**'상징 무의식' 활동은 상징을 통해 무의식을 살펴보는 과정이다.
사진 속 상징에서 연상되는 의미를 통해 내면의 무의식을
들여다볼 수 있다.**

바다 위에 새 한 마리가 날고 있는 사진이 눈길을 끄는지 그는 사진을 계속해서 보았습니다.

"이 사진에서 연상되는 것이 있나요?"

"바다 표면이 마치 큰 양탄자 같다는 생각이 들어요. 지구를 덮고 있는 물렁거리는 양탄자!"

"양탄자가 어떤 상징일까요?"

"사람들이 편안하게 눕고 쉴 수 있는 곳?"

"아하, 쉬는 곳, 또 연상되는 것이 있나요?"

"저도 눕고 싶네요. 반짝거리는 빛과 함께 쭉 뻗고 적당히 출렁거리면서요."

"이 사진이 주는 상징의 의미가 무엇일까요?"

"저에겐 만사 다 제치고 쉬게 하는 '쉼'을 말해주는 것 같습니다. 해야 할 일도 다 피해서 쉬고 싶은 마음이 들통나는 것 같아요."

이 활동은 감정과 욕구를 상징적으로 표현하면서, 무의식적으로 억압된 부분을 탐색하도록 돕습니다. 바다와 양탄자를 통해 '쉼'과 '편안함'을 느끼는 과정은 현재의 삶에서 필요로 하는 자기 돌봄을 깨닫게 하였습니다.

무의식 #3
반복 무의식

Exploring Unconsciousness
Theme Based Activity 3

목적 • 무의식적으로 반복되는 패턴 자각하기

효과 • 반복되는 행동 패턴의 자각

1 준비하기
- MetaView Photo Cards, 필기도구
- 사진을 책상 위에 펼쳐놓는다.

2 사진 선택하기
- 호기심이 드는 사진을 3~5장 선택하게 한다.
- 또는 좋아하는 사진을 3~5장 선택하게 한다.

3 질문으로 대화하기
- 여러 장 고른 사진에서 반복해서 나타나는 패턴이 있는지 탐색하면서 대화한다.
- 형태, 색상, 크기, 사물, 분위기, 감정 등을 살펴본다.
- "사진에 반복해서 나타나는 특징이 있나요?"
- "나의 성격과 사진에 담긴 패턴이 어떻게 연결되나요?"

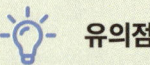 유의점	- 무의식적으로 고른 여러 장의 사진에서 반복되는 패턴이 있는지 주의 깊게 살펴본다.
응용	- 싫어하는 사진을 고르게 하여 반복되는 패턴에 관해 대화를 나눈다.

'반복 무의식' 활동은 우리가 일상에서 또는 삶의 긴 주기 속에서 반복하는 무의식의 패턴을 탐색하는 과정이다.

자신도 모르게 반복하는 패턴은 개인의 고유한 기질과 성향을 암시합니다. 우리는 자신에게 유익하고 편안한 것을 저항하지 않으며, 이러한 성향은 자신의 편향된 패턴을 만듭니다. 좋아하는 것이든 관심이 가는 것이든, 일관되게 호불호로 반응하는 것은 '구조적인 틀'과 관련이 있습니다. 이 틀 속에 오래 있다 보면 반복하고 있다는 사실을 전혀 인식하지 못하게 됩니다.

당장 눈앞에 있는 사진 중에서 끌리는 몇 장을 골라 살펴보면, 자신의 성향이 드러나는 어떤 패턴을 발견할 수 있습니다. 예를 들어, 하늘이 많이 담긴 사진일 수도 있고, 인물 사진만 고를 수도 있으며, 파란색이 강한 사진일 수도 또는 아무도 없는 공간의 사진일 수도 있습니다. 그 사진들에는 어떤 반복되는 공통적인 특징이 있습니다.

이렇게 선택한 사진을 보면서 "왜 이러한 사진들이 반복적으로 끌릴까요?"라는 질문을 던져보세요. 이러한 반복을 무의식적으로 하는 이유가 무엇일까요?

사진에서 반복되는 패턴을 발견해 보는 이 활동은 내담자가 자신의 무의식적인 경향성을 이해하고, 그 속에서 자신을 더 깊이 탐색하는 기회를 제공합니다. 반복되는 패턴을 인식함으로써, 내담자는 자신의 기질과 성향을 이해하고, 필요하다면 새로운 방향으로 나아갈 수 있는 계기를 마련할 수 있습니다.

무의식 #4
긍정 무의식

Exploring Unconsciousness
Theme Based Activity 4

목적 • 긍정적인 욕구와 기대 탐색

효과 • 긍정적인 욕구와 기대를 탐색하기 • 내적 자원의 탐색 및 자존감 향상

1 준비하기
- MetaView Photo Cards, 종이, 필기도구
- 인물과 사물 관련 사진을 책상 위에 펼쳐놓는다.

2 사진 선택하기
- 긍정적인 연상을 떠오르게 하는 사진을 선택하게 한다.

3 질문으로 대화하기
- 사진을 보면서 행복에 관해 떠오르는 것을 적게 한 후에 대화를 한다.
- "어떤 행복인가요?"
- "행복한 사진에서 연상되는 것은?"
- "어떤 욕구와 기대를 추구하고 있나요?"
- "행복한 사진이 몸에 주는 느낌은 어떠한가요?"

💡	**유의점**	- 욕구와 기대도 무의식적으로 나타난다.
☆	**응용**	- 긍정적인 다른 욕구(만족, 평화, 고요 등)를 표현하는 사진을 찾아 이야기한다.

'긍정 무의식' 활동은 자아가 긍정적으로 추구하는
무의식을 탐색하는 과정으로 더 나은 성장과 변화를 지향하는
무의식을 발견하는 데 중점을 둔다.

"나는 행복하지 않아요"라고 말한다면, "행복한 기억이 전혀 없었나요?"라고 질문합니다.

긍정적인 태도란 어려움 속에서도 긍정적인 면을 보는 것입니다. 만약 내담자가 "기억이 안 나요" 또는 "행복은 전혀 없어요"라고 대답한다면, 긍정적인 자아와 힘의 원천인 무의식 숨겨져 있음을 나타냅니다. 행복은 행복의 조건을 안다고 해서 저절로 찾아오지 않습니다. 행복은 행복을 위해 노력하고 실천하는 사람에게 찾아옵니다.

행복의 경험은 소중합니다. 그리고 누구에게나 행복한 순간을 느낀 경험이 있습니다. 비록 역경을 겪는 삶에서도 일상의 소소한 행복을 찾는 레이더를 돌려보는 것이 필요합니다. 당신은 정말로 행복한 적이 없나요? 잠시라도 행복을 주는 사진을 골라보면서 행복을 느껴보세요. 작은 만족이 행복으로 이어지듯, 삶으로 행복감을 이어가 보세요. 당신은 행복한 사람이 될 것입니다. 과거의 사진에서 행복을 느낀다면, 자연스럽게 밝은 미소가 지어질 것입니다. 지금도 행복해질 수 있습니다.

이미 작은 것에도 행복을 느끼신다고요? 그렇다면, 이미 충분히 행복한 사람입니다. 자신의 긍정적인 경험을 충분히 인식해 보세요. 이 활동은 자신의 무의식 속에 숨겨진 긍정적인 경험을 발견하는 것입니다. 행복의 가능성을 깨닫고 삶의 질을 향상하는 데 있습니다.

무의식 #5
부정 무의식

Exploring Unconsciousness
Theme Based Activity 5

목적 • 부정적인 그림자 탐색

효과 • 그림자의 무의식을 관통하기

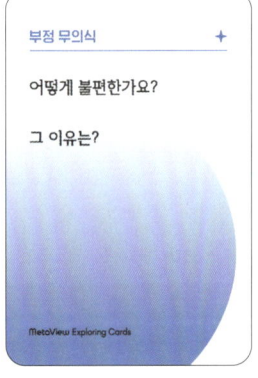

1 준비하기
- MetaView Photo Cards, 종이, 필기도구
- 사진을 책상 위에 펼쳐놓는다.

2 사진 선택하기
- 평소에 고르지 않을 사진을 고르게 한다.
- "내키지 않는, 마음에 전혀 들지 않는 사진을 고르세요."

3 질문으로 대화하기
- 사진을 보면서 떠오르는 것들을 적게 한 후에 대화한다. 만약 부정적인 감정에 크게 압도된다면, 심리적인 안정을 도울 심호흡을 하게 하거나 내적인 안정 장치를 강화한다. 이후 안정이 보일 때 대화를 나눈다.
- "불편한 사진에서 연상되는 것은?"
- "어떤 욕구와 기대를 추구하고 있나요?"
- "마음에 전혀 들지 않는 사진이 몸에 주는 느낌은 어떠한가요?"

 유의점
- 힘든 무의식을 표현할 수 있도록 적극적인 경청과 공감의 태도를 지닌다.
- 트라우마의 기억과 감정이 촉진되어 표현될 수 있다.
- 직면하기 어려운 무의식에 쉽게 접촉하여 놀랄 수 있다.

 응용
- 두려움을 표현하는 사진과 안정을 주는 사진을 고르게 하여 대화를 나눈다.

'부정 무의식' 활동은
부정적인 그림자의 무의식을 다루는 과정이다.

이 활동은 불편한 사진을 통해 억압된 무의식(그림자)을 직면하여 의식화하는 치유 과정입니다. 힘들더라도 무의식에 숨어 있는 그림자를 인정하고 수용하게 되면 놀라운 치유와 성장으로 이어집니다.

마음에 전혀 들지 않아 싫어하는 사진은 부정적인 감정을 불러일으킵니다. 그러나 사실은 판단하는 태도에서 비롯된 것입니다. '좋다 싫다'라는 내적 가치 기준에 따른 판단이기 때문입니다. 이렇게 싫다고 거부하고 회피하는 사진은 오히려 더욱 주의 깊게 살펴보아야 합니다. 왜냐하면 싫어하는 것만큼 원하는 것이 무의식에 숨어 있기 때문입니다. 단지 부정적인 태도가 겉으로 드러나서 부정적으로 보일 뿐입니다.

하지만 어떤 사진이든 거부나 회피하지 않고 직면할 수 있을까요? 사실 어렵습니다. 우리는 알게 모르게 호불호를 가지고 자신을 보호하려고 하니까요. 그러나 특히 보기 싫고 거부감이 강렬하게 느껴진다면, 용기를 내어 그 사진과 마주해 보시길 권합니다. 이 과정이 심한 경우 고통스러울 수도 있지만, 그 속에서 더 깊이 숨겨진 진실을 찾는 순간 안정감을 느끼게 됩니다. 그렇게 되는 순간 그 사진이 더는 싫지 않게 됩니다.

"이 사진에서 어떤 점이 싫어요? 무엇을 원해서일까요?"

인간은 누구나 완성으로 나아가고자 하는 경향이 있습니다. 부정적으로 드러난 것은 역설적으로 자신을 더욱 깊이 알아가는 통로가 됩니다. 이 질문에 대한 대답은 긍정적인 방향으로 흘러갈 것입니다. 때때로 그 대답이 처음에는 피상적이고 단순하며 가벼울 수 있지만, 어떤 행동에 제약을 주는 요인임은 분명합니다. 이 과정을 통해 부정적인 감정과 무의식을 탐색하고, 그것이 의미하는 바를 깊이 이해해 보는 경험을 해 보세요. 더 나은 방향으로 나아가는 기회가 열릴 것입니다.

무의식 #6
심층 무의식

Exploring Unconsciousness
Theme Based Activity 6

목적 • 나는 누구인가에 대한 탐색

효과 • 정체성에 대한 촉진

1 준비하기
- MetaView Photo Cards, 지금까지 고른 무의식 사진들
- 사진을 책상 위에 펼쳐놓는다.
- 지금까지 고른 무의식 사진들을 놓는다.

2 사진 선택하기
- 근원적인 정체성을 말해주는 사진을 고르게 한다.

3 질문으로 대화하기
- "사진이 나의 정체성을 어떻게 표현하고 있나요?"
- "나는 누구인가요?"

 유의점
- 나는 누구인지에 대해 생물학적, 심리적, 영성적인 자아를 탐색하도록 권한다.

 응용
- 자화상 사진을 찍어보고 나의 정체성에 대해 대화를 나눈다.

'심층 무의식' 활동은
"나는 누구인가"라는 질문으로 근원에 다가가게 한다.

"나는 누구인가요?"

이 질문에 대답하기 위해 바른 답을 구하려는 생각은 잠시 내려놓아 봅시다. 대신 이 질문에 직관적으로 다가가 보세요. 이전에 사진을 선택했던 방식처럼, 즉흥적으로 '지금의 나를 말해주는' 사진을 선택해 보세요. 그 사진은 지금, 이 순간의 나를 무의식적으로 대변할 것입니다. 내가 인식하지 못하는 깊은 나를 사진의 은유와 상징이 말해줄 것입니다.

선택한 사진이 무엇이든, 그것이 과장되든, 초라하든, 영광스럽든, 부끄럽든, 자랑스럽든 모두 다 나와 관련된 정체성을 나타냅니다. 만물을 보여주는 사진에서 나 자신이 어떻게 드러나고 있는지를 살펴보는 것이 바로 '나는 누구인가'를 알아가는 실마리가 될 것입니다.

이 활동은 우리 자신의 정체성을 진지하게 탐색하는 과정입니다. 현재에 머물며 오늘의 나, 내일의 나, 그리고 어제의 나라는 존재를 표현하면서 깊은 자기 이해를 얻을 수 있습니다. 그 모습이 어떠하든 인정해 봅시다. 마음에 들면 그대로 받아들이고, 마음에 들지 않으면 그렇지 않은 대로, 그런 모습이 나의 한 부분임을 수용해 봅시다. 이 과정에서 깊은 자기 이해를 얻을 수 있을 것이라는 믿음을 가지고 가 보세요. 사진으로 드러나는 자기의 모습은 진정한 나를 발견하는 데 하나의 방편으로서 역할을 할 것입니다.

통합
Integration

#1~6

통합 #1
몸과 마음
눈길을 강하게 끄는
사진을 고르세요.

통합 #2
주관과 객관
나를 부르는 듯한
사진을 고르세요.

통합 #3
긍정과 부정
좋아하는 사진 한 장,
싫어하는 사진 한 장을 고르세요.

통합 #4
시간
과거, 현재, 미래를 상징하는
사진을 고르세요.

통합 #5
내면과 외면
나만 아는 내면과 외면을
표현하는 사진을 고르세요.

통합 #6
현실과 영성
현실의 어두움과 영성의 빛을
사진에서 고르세요.

단계	1	2	3	4	5	6
주요 내용	몸과 마음	주관과 객관	긍정과 부정	시간	내면과 외면	현실과 영성

통합은 여러 심리학자가 강조하는 중요한 개념입니다. 칼 융Carl Jung은 "진정한 통합은 서로 다른 부분들이 조화롭게 어우러질 때 이루어진다"라고 말하며, 다양한 측면이 조화를 이룰 때 진정한 통합이 가능하다고 강조합니다. 알프레드 아들러Alfred Adler는 "통합은 단순히 여러 요소를 결합하는 것이 아니라, 그들 사이의 관계를 이해하고 조화를 이루는 것"이라고 언급하며, 통합의 깊이를 더합니다. 또한 마샤 리네한Marsha Linehan는 "내면의 갈등을 통합하는 것은 진정한 자기 발견의 시작"이라면서 자기 이해의 중요한 출발점으로 통합을 강조합니다.

통합은 세상의 모든 것이 연결되어 있다는 연결성의 개념을 기반으로 합니다. 켄 윌버Ken Wilber의 통합심리학은 다양한 심리학적 접근과 철학적 관점을 통합하여 인간의 경험과 의식을 이해하려는 시도를 포함합니다. 그는 다양한 심리치료 방법과 이론이 궁극적으로 모든 전체의 한 부분의 조합이라고 봅니다. 그래서 통합적인 관점이 심리치료의 효과를 향상하고 개인의 정신건강을 개선하는 데 도움을 준다고 주장합니다. 이러한 통합적 접근은 개인에게 최적화된 치료를 제공하기 위해 모든 문제를 전체적인 관점에서 바라보는 데 의미가 있습니다.

통합의 주제 활동은 몸과 마음의 반응을 함께 살펴보는 통합의 태도에서 시작합니다. 이어서 관점의 통합, 긍정과 부정의 양면성의 통합, 과거, 현재, 미래의 시간 통합, 내면과 외면의 통합, 마지막으로 현실과 영성의 통합을 제시합니다. 본 활동들은 개인이 자신의 경험을 더 깊이 이해하고, 다양한 측면을 조화롭게 통합하는 데 도움을 줄 것입니다.

통합 #1
몸과 마음
Integration Theme Based Activity 1

목적 • 몸, 감정, 생각 반응의 통합

효과 • 사진을 보면서 일어나는 반응의 통합   • 객관적 거리 두기의 통합

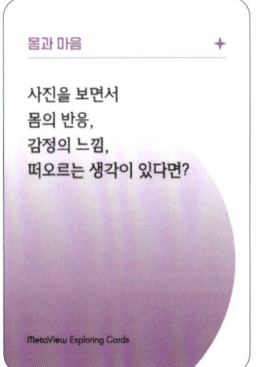

1 준비하기
- MetaView Photo Cards, 종이, 필기도구
- 사진을 책상 위에 펼쳐놓는다.

2 사진 선택하기
- 참여자에게 가장 눈길을 끄는 사진을 한 장 선택하고 2분간 응시하게 한다.

3 질문으로 대화하기
- "사진에서 몸의 반응이 있나요?" (몸의 반응)
- "사진을 보고 어떤 감정이 느껴지나요?" (감정 반응)
- "사진을 보니 어떤 생각이 떠오르나요?" (생각 반응)
- "이 모든 반응을 포함하여 한 문장의 글로 써보세요." (통합)

4 다양한 반응을 모두 연결하여 통합하도록 돕는다.

유의점	- 사진의 반응에 편향적 또는 부정적인 경우, 균형적으로 보길 권한다.
응용	- 반응이 유독 강한 부분이나 약한 반응 부분에 대해 탐색을 권한다.

통합을 향한 활동은 먼저 모든 반응을 동시에 살펴보려는 태도에서 시작된다. 끌리는 사진을 통해 몸, 감정, 생각, 영성 등을 포함하여 다양한 반응을 탐색하도록 권장한다.

사진을 통해 몸, 감정, 생각 반응을 통합적으로 탐색하는 것은 자의식을 높이는 데 도움이 됩니다. '나는 지금 이렇구나'라는 것을 알아차리는 과정입니다. 이 과정은 자신을 바라보는 균형감을 갖추게 해주며 객관적으로 바라보는 기회를 제공합니다.

그러나 처음부터 몸, 감정, 생각까지 모든 반응을 살펴보는 것은 익숙하지 않을 수 있습니다. 대부분은 어느 한 부분에 더 집중하거나 반응하게 됩니다. 어떤 사람은 생각에 빨리 반응하지만, 감정 반응에는 둔할 수 있고, 반면에 감정에 민감하지만, 몸의 반응은 느릴 수 있습니다. 이렇듯 자신의 반응을 자각하면서 통합의 방향으로 훈련이 되어 갑니다.

사진은 사람들에게 주관적으로 다양한 반응을 유도합니다. 우리가 사진을 해석하고 반응하는 방식은 언제나 다르게 나타나지만, 이 또한 자신의 상태에 따라 편향될 수 있습니다. 게다가 사진의 종류에 따라 몸, 감정, 생각 반응도 언제든지 달라질 수 있습니다. 그러므로 주관적인 현재의 반응에 깨어있어서 점진적으로 몸, 감정, 생각을 통합해 가는 것이 바람직합니다.

통합 #2
주관과 객관
Integration Theme Based Activity 2

목적 • 주관과 객관적 관점의 통합

효과 • 관점의 통합을 경험하기 • 객관화된 자아 탐색
• 심리적 관찰자 자기 강화

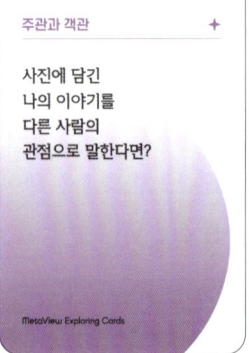

1 준비하기
- MetaView Photo Cards, 종이, 필기도구
- 사진을 책상 위에 펼쳐놓는다.

2 사진 선택하기
- 참여자에게 나를 부르는 듯한 끌리는 사진을 한 장 선택하게 한다.

3 질문으로 대화하기
- 통합적인 관점으로 자신의 주관적인 관점을 재조명하게 돕는다.
- 대화가 어려운 경우, 주관/객관의 관점을 요약하여 적게 하여 스스로 살펴보게 한다.
- "이 사진에 나의 어떤 이야기가 있나요?" (주관)
- "나의 이야기를 다른 사람이 이야기하듯 말해보세요" (객관)
- "나의 이야기를 다른 사람의 관점으로 말해보세요" (통합)

유의점
- 주관적으로 투사하는 마음을 충분히 경청 후에, 객관화 과정으로 이동한다.
  • 주관) 그 일은 성공적이다.
- 객관화로 전환이 안 되면, 주관적인 관점에만 머무는 이유를 탐색한다.
  • 객관) 부분적으로 보완할 필요가 있다.
- 상호 통합의 관점이 어려운 경우, 예를 들어 이해하게 돕는다.
  • 통합) 성공적이지만 보완은 계속 필요하다.

응용
- 문제상황과 관련된 사진 한 장을 골라 위의 방법을 적용한다.

'주관과 객관' 활동은
주관적이며 객관적인 관점을 통합하는 과정이다.

이 활동은 어떤 주제나 의미에 대해 주관적인 자기중심의 관점을 객관화된 관점으로 통합하여 의식을 확장하도록 돕습니다. 이를 위해, 내담자가 사진을 보는 순간 어떤 반응을 일으키는지를 살펴보아야 합니다. 날카롭게 관찰하는 객관성인지, 아니면 감정적이며 자신의 경험에 기반한 주관적인 반응인지 그들이 스스로 인식하는 것이 중요합니다. 어떤 반응이든 그 자체로 중요합니다. 그러나 사진은 묘하게도 보다 보면, 사진과 거리를 두고 보게 하는 객관화된 반응을 유도합니다.

가족사진을 응시하던 내담자가 눈시울이 붉어지기 시작했습니다. 처음에는 웃으면서 가족사진이라고 말하던 표정이 달라졌습니다. 사진을 자세히 보니 그동안 보지 못했던 부모님의 깊은 주름살과 흰머리가 보였기 때문이었습니다. 이처럼 사진은 주관적인 입장에서 한발 뒤로 물러나 객관적인 것을 보게 하는 힘이 있습니다.

이와 유사하게, 특정 상황을 느끼는 대로 표현한 후에 관찰자의 관점에서 사진을 기술해 보면 많은 차이가 생기게 됩니다. 사진 한 장에서 주관적인 입장과 관찰자의 객관적인 입장이 오가다 보면 통합적으로 보는 관점이 자연스럽게 열립니다. 이 과정을 통해 더 넓은 이해와 공감을 할 수 있게 됩니다.

통합 #3
긍정과 부정
Integration Theme
Based Activity 3

목적 • 긍정과 부정 양면성의 통합

효과 • 긍정과 부정의 양면성을 통합적으로 보기
• 감정과 판단에 균형적인 태도 증진

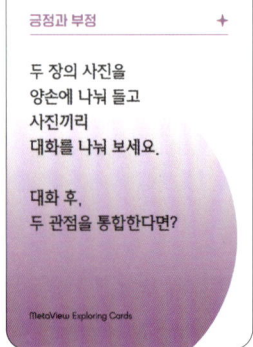

1 준비하기
- MetaView Photo Cards
- 사진을 책상 위에 펼쳐놓는다.

2 사진 선택하기
- 좋아하는(끌리는) 사진과 싫어하는(꺼려지는) 사진 두 장을 선택하게 한다.

3 질문으로 대화하기
- 양면성의 이야기를 들으면서 모두 그럴 수 있는 연결 관점을 촉진한다.
- "어떤 사진인가요?"
- "두 장의 사진을 양손에 나눠 들고 서로 마주 보게 하여 사진끼리 대화를 나눠보세요"
  예) 오른손에 긍정 사진을 들고 먼저 말을 한다. 이 말을 들은 왼손의 부정 사진이 응답하면서 대화를 서로 나눈다.
- 양손의 대화 후, "어떤 마음이 들었나요? 그리고 두 관점을 통합한다면?"

 **유의점**
- 참여자가 사진을 대상물로 보고 역할극처럼 이야기하게 한다.
- 진행자는 참여자의 양가감정이나 생각에 중립을 지킨다.

 **응용**
- 사진 앨범에서 지금 눈길을 끄는 사진과 불편한 사진을 가지고 위와 같이 진행한다.

**이 활동은 '긍정과 부정'의 양면성을 통합해서 보는 데 목적을 둔다.
감정과 판단에 균형적인 태도를 높이도록 돕는 과정이다.**

긍정과 부정의 양면성은 인간의 대립과 갈등을 의미합니다. "할까 말까?", "잡을까 말까?", "이게 맞나 틀리나?"와 같은 양면적인 태도는 갈등을 일으키고 삶에 어려움을 느끼게 합니다. 양면성은 긍정과 부정적 감정이 동등하게 존재하는 상태를 나타냅니다. 어느 한쪽으로 기울어져 있다면 갈등은 일어나지 않습니다. 현실의 불만과 욕심으로 인해 양면성이 발생하게 됩니다.

양손에 대립하는 내용을 담은 사진을 들고 사진끼리 대화하는 활동은 창의적인 문제 해결 방법입니다. 먼저 사진이라는 매개체를 사용하여 대립 구도를 만들면, 직접 대면해서 말하는 것보다 안전한 환경이 조성됩니다. 사진이 말하고 사진이 대답하는 것처럼, 사진은 대립에서 발생할 수 있는 충돌에 완충제 역할을 합니다. 게다가 어느 쪽이든 자기주장을 하면서 상대를 설득하려고 하다 보면, 이 과정에서 자연스럽게 양가적인 입장이 드러나 명확하게 이해가 됩니다. 이 방법은 사진으로 대상과 거리를 두고 대화함으로써 내면의 갈등을 수용하거나 해소하는 데 도움을 줍니다.

이렇게 통합된 관점을 갖게 된다면, 삶의 다양한 상황에서 유연하고 창의적인 접근을 취할 수 있게 됩니다. 이러한 균형적인 태도는 일상에서의 갈등을 감소시키고, 더 나은 의사결정을 위한 기반이 될 수 있습니다. 우리는 이 활동을 통해 자신의 감정과 판단을 보다 명확하게 인식하고, 긍정과 부정의 양면성을 받아들이는 능력을 기를 수 있습니다.

통합 #4
시간
Integration Theme Based Activity 4

목적	• 과거, 현재, 미래를 통합하는 조망 갖기
효과	• 과거와 현재의 연결 • 현재와 미래와의 연결 가능성 • 과거, 현재, 미래의 연결을 통합하는 관점 형성

1 준비하기
- MetaView Photo Cards, 종이, 필기도구
- 사진을 책상 위에 펼쳐놓는다.

2 사진 선택하기
- 자신의 과거, 현재, 미래를 상징하는 사진을 즉흥적으로 고르게 한다.

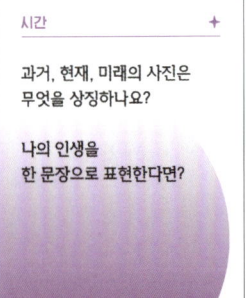

3 질문으로 대화하기
- "이 사진은 과거의 무엇을 상징하나요?"
- "이 사진은 현재의 무엇을 상징하나요?"
- "이 사진은 미래의 무엇을 상징하나요?"
- "'과거, 현재, 미래'의 사진을 보면서 어떤 마음이 드나요?
- "'과거, 현재, 미래'의 사진에서 가장 눈길을 강하게 끄는 시간은 언제인가요?
- "'과거, 현재, 미래'의 사진에는 어떤 이야기가 있나요?
- "나의 인생을 한 문장으로 표현한다면?"

유의점	- 과거, 현재, 미래를 상징하는 사진으로 여러 장을 고를 수 있다.
응용	- 자신이 경험한 가족(사회, 세상)의 과거, 현재, 미래를 사진으로 표현하여 진행한다.

**'시간' 활동은 과거, 현재, 미래를 통합하여 바라보는 관점이다.
시간은 과거로부터 현재와 미래로 이어지는
연속적으로 연결된 경험을 자각하게 해준다.**

"과거, 현재, 미래를 상징하는 사진을 어떻게 고르나요?"

이 질문에 대해 상담자는 먼저 심상을 유도하는 방법을 사용할 수 있습니다. 내담자에게 눈을 감고 심호흡을 하도록 한 후, 현재에서 과거로 천천히 퇴행하면서 어떤 기억이 떠오르는지를 살펴보게 합니다. 이후 다시 현재에서 미래로 나아가며 떠오르는 이미지를 경험하게 합니다. 이렇게 심상을 경험한 후에, 내담자에게 사진을 직관적으로 선택하게 합니다.

또 다른 방법으로는 구체적인 질문을 통해 과거, 현재 , 미래의 사진을 선택하도록 하는 것입니다. 예를 들어, 과거에 관한 질문으로는 "어렸을 때 가장 기억에 남는 것은 무엇인가요?" 또는 "내 인생에서 가장 중요한 사건은 무엇인가요?"라고 제시할 수 있습니다. 현재에 대해서는 자신의 몸 상태, 감정, 상황을 반영하는 사진을 선택하도록 유도합니다. "지금 나는 어떤 감정을 느끼고 있나요 ? 지금 가장 중요한 것은 무엇인가요?"라는 질문을 던집니다. 미래에 대해서는 자신이 바라는 미래, 목표, 희망을 상징하는 사진을 선택하게 합니다. "앞으로 이루고 싶은 것이 무엇인가요? 어떤 모습으로 미래에 살고 싶나요?"라는 질문을 통해 사진 선택을 돕습니다.

과거, 현재, 미래를 상징하는 사진을 통해 자신의 인생을 조망하는 것은 인생을 통합하는 하나의 방법이 될 수 있습니다. 이 활동은 자신이 겪어온 경험을 돌아보고, 현재의 감정을 인식하며, 미래의 목표를 설정하는데 도움을 줍니다.

통합 #5
내면과 외면
Integration Theme Based Activity 5

목적
- 내면과 외면의 자아 탐색 및 통합

효과
- 내면과 외면의 나 표현하기
- 외면과 내면의 나 통합하기
- 타인의 시선과 내면의 시선 자각하기

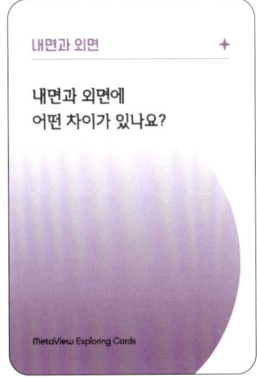

1 준비하기
- MetaView Photo Cards
- 사진을 책상 위에 펼쳐놓는다.

2 사진 선택하기
- 나만이 아는 외면과 내면을 연상하게 사진을 선택하게 한다.
- "나만이 아는 내면과 외면'을 표현하는 사진을 고르세요."
  (내면과 외면의 인식)

3 질문으로 대화하기
- 고른 사진을 가지고 내면과 외면의 인식에 관해 대화를 나눈다.
- "내면과 외면에 어떤 차이가 있나요? 예를 들면?"
- "내면과 외면의 차이가 무엇 때문에 생겼나요?"
- 내면과 외면을 표현하는 사진을 양손에 들고 대화 후, "두 관점을 통합한다면?"
- "내면과 외면을 통합한 모습을 사진으로 고른다면? 이 사진을 선택한 이유는?"

유의점	- 내면과 외면의 차이를 인식하게 도와 통합의 방향을 살펴보게 한다.
응용	- "내가 생각하는 나, 남들이 생각하는 나"를 상징하는 사진을 고르세요."

> '내면과 외면' 활동은 삶 속에서 우리의 내면과 외면을
> 모두 살펴보아 통합하는 과정이다. 이 활동은 우리의 모습을
> 투명하게 드러내어 진실에 가깝게 다가가도록 돕는다.

인간의 모습은 내면과 외면이 다르게 나타나는 경우가 많습니다. 이러한 현상은 내면과 외면의 불일치라고 합니다. 불일치의 원인은 여러 가지가 있지만, 무엇보다 자신을 잘 몰라서 발생하는 경우가 많습니다. 예를 들어, 남들이 하는 대로 따라 해보고 나서야 자신이 원하지 않는 행동을 깨닫는 것입니다. 또한, 자신이 생각하는 나와 남들이 보는 내가 다른 경우도 있습니다. 자기의 평가와 남들의 평가가 일치하지 않는 것은 서로를 잘 모르는 이해의 부족에서 비롯됩니다. 게다가 자신을 알면서도 남을 의식해 투명하게 자신을 보여주지 않고 오히려 왜곡하거나 숨기는 경우에도 불일치 상태가 발생할 수 있습니다.

우리의 내면과 외면의 차이가 크다면, 삶에서 어떤 일이 벌어질까요? 일차적으로 의사소통에 어려움이 생기고, 서로를 이해하지 못하는 갈등과 오해가 발생하게 됩니다. 또한, 자신을 알지 못하는 혼돈은 삶을 주체적으로 결정하지 못하고 자유롭게 살지 못하게 합니다. 그렇다면 외면과 내면이 늘 일치하는 사람이 존재할까요? 일치적인 삶을 살아가는 사람이 있기는 하지만, 대부분은 자신의 속마음을 알아가면서 그에 따른 행동을 일치시키려고 노력합니다.

일치적인 인간이 되기 위해서는 자신의 내면과 외면을 고요히 살펴보는 시간을 자주 갖는 것이 중요합니다. 상황에 따라 달라질 수 있는 내면과 외면의 모습을 알아차리면서 불일치를 수용해 가는 것입니다. 내면과 외면이 일치한 모습을 상상해 봅니다. 이 과정에서 내면과 외면을 통합적으로 바라보는 균형 잡힌 사고가 형성될 것입니다.

통합 #6
현실과 영성
Integration Theme Based Activity 6

목적 • 현실과 영성의 통합

효과 • 현실의 어두움과 영성의 통합

1 준비하기
- MetaView Photo Cards
- 사진을 책상 위에 펼쳐놓는다.

2 사진 선택하기
- 현실과 영성을 상징하는 사진을 고르게 한다.
- "현실의 어두움과 영성의 빛을 사진으로 표현해 보세요."

3 질문으로 대화하기
- 자신의 삶에 현실과 영성이 어떻게 관계하는지 대화를 나눈다.
- "현실의 어두움은 무엇을 상징하나요?"
- "영성의 빛은 무엇을 상징하나요?"
- "현실의 어둠으로 인해 영성이 깨어나는 경험이 있나요?"
- "영성이 발현되기 전에 깊은 어둠을 경험한 적이 있나요?"
- "현실과 영성은 어떻게 연결되나요?"

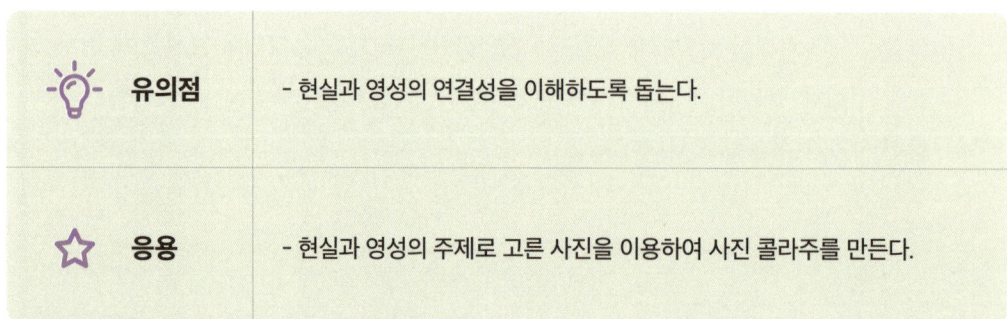

유의점	- 현실과 영성의 연결성을 이해하도록 돕는다.
응용	- 현실과 영성의 주제로 고른 사진을 이용하여 사진 콜라주를 만든다.

**마지막 통합 활동은 '현실과 영성'으로,
보이는 현실과 보이지 않는 영적인 초월에 관한 통합이다.**

통합은 균형과 조화를 의미합니다. 현실의 어둠과 영성의 빛, 또는 현실의 아름다움과 영성의 그림자를 균형 있게 보는 것이 삶의 초월입니다. 그러나 현실과 영성의 통합은 어려운 주제입니다. 영성을 추구하는 사람은 속세의 현실을 떠나 현실감각을 잊고 사는 사람처럼 보이는 경향이 있습니다. 반면에 물질과 성공을 추구하는 사람은 영성을 무의미한 가치로 여겨 등한시하는 경향이 있습니다. 그래서 현실과 영성은 마치 대립하는 다른 세계처럼 여겨지기도 합니다.

"나의 현실과 영성을 상징하는 사진을 골라보세요."

"나의 현실의 빛과 어둠은 무엇일까요? 그리고 영성의 빛과 어둠은 무엇일까요?"

이 질문은 내면의 현실과 영성을 만나게 합니다. 예를 들어, 현실은 회사원이지만 내면은 수행자의 모습일 수 있습니다. 현실의 어두움은 가족의 경제 상황이지만, 그 빛은 가족의 사랑일 수 있습니다. 영성의 빛은 자비와 사랑이지만 그 이면에는 탐욕, 사치, 나태, 거짓이 존재할 수 있습니다.

피에르 샤르댕Pierre Teilhard de Chardin은 "우리는 영적인 체험을 하는 인간이 아니라, 인간 체험을 하고 있는 영적인 존재"라고 말합니다. 영적인 존재인 우리는 현실을 벗어나 살 수 없듯이, 영성 또한 그러합니다. 자신에게 영성과 현실이 어떻게 관계를 맺고 있는지를 살펴보고 알아차리기 시작한다면, 현실에서도 확장된 의식으로 초월적인 영성이 빛날 것입니다.

참고문헌

권석만 (2008). 긍정심리학. 학지사.

권석만 (2013). 이상심리학. 학지사.

김문희 (2022). 사진치료의 통합적 접근에 관한 연구: Ken Wilber의 AQAL을 중심으로. 서울불교대학원대학교 박사학위논문.

김문희, 이정희, 정은영, 한경은, 허슬기 (2020). 사진치유의 힘. 박영스토리.

김문희, 박성현 (2021). 예술발달과 영성. 문화와 융합, 43(6). 865-892

김수임, 이윤희, 이혜림 (2019). 사진치료기법을 활용한 상담 및 심리치료 국내 연구동향(2009~2019.11). 현대사진영상학회논문집 22-3.

김수지, 조경숙 (2017). 사진치료 집단상담 프로그램이 여중생의 자기지각 및 자아존중감 향상에 미치는 효과. 아동학회지, 38(2), 177-190.

박소현 (2004). 사진치료의 이론과 실제 가족사진을 통한 사진치료 연구. 이화여자대학교 디자인대학원 석사학위논문.

소희정, 한경은, 김문희, 신혜경, 이지혜, 정윤경 (2021). 사진치료의 모든 것. 박영스토리.

손민영 (2014). 자기 성장을 위한 글쓰기 방법연구: Wilber의 의식수준 발달을 중심으로. 한남대학교대학원 박사학위논문.

이가영, 김선희 (2016). 미술치료에서 사진 및 디지털 이미지 활용에 관한 문헌연구. 한국예술연구, 13, 219-241.

조진호 (2011). 대학생의 자기효능감 증대를 위한 사진치료 프로그램 개발에 관한 연구. AURA, 25, 111-125.

한정식 (2000). 사진예술개론. 열화당.

홍미선 (2011). 투사적 기법을 중심으로 한 사진치료연구. 경성대학교 대학원 석사논문.

Barthes, R. (1981). Camera Lucida: Reflections on photography. The Noonday press.

Berger, J. (1980). 본다는 것의 의미. 박범수 역 (2000). 동문선.

Clara E. Hill (2012). 상담의 기술. 학지사.

Corey, G. (1981). 상담과 심리요법의 이론과 실제. 한기태 역 (1985). 성광문화사.

Corey, G 외 (2019). 집단상담 과정과 실제. 김명권 외 공역. Cengage Learning.

David J. Wallin (2010). 애착과 심리치료. 김진숙, 이지연, 윤숙경 공역. 학지사.

Fryrear, J. L. & Corbit, I. E. (1992). Photo art Therapy: A Jungian perspective. Charles C Thomas.

Fryrear, J. L. & Krauss, A. (1983). Phototherapy in mental health. Springfield, IL: Charles Thomas.

Halkola, U. (2001). Spectro cards in therapy and counselling. Turku.

Ingrid Riedel (2000). 융(Jung)의 분석심리학에 기초한 미술치료. 정여주 역. 학지사.

Krauss, D. A. & Fryrear J. (Eds.). (1983). Phototherapy in mental health. Springfield, IL: Charles Thomas.

Lemagny, J. & Rouille, A. (Et.). (2003). 세계사진사. 정진국 역. 까치.

Loewenthal, D. (Ed.). (2013). Phototherapy and Therapeutic Photography in a Digital Age, Routledge.

Martin E. P. Seligman 외 (2018). 긍정심리치료 치료자 매뉴얼. 물푸레.

McNiff, S. (1992). Art as medicine: Creating a therapy of the imagination. Shambhala.

Newhall, B. (1982). 사진의 역사. 정진국 역 (1987). 열화당.

Walker, J. (2010). https://joelwalker.com/Walker%20Visuals.html 접속일: 2021.11.17.

Weiser, J. (1975). PhotoTherapy: Photography as a verb. The B.C. Photographer, 2, 33-36.

Weiser, J. (1999). PhotoTherapy Techniques: Exploring the secrets of personals snapshots and family albums. 사진치료 기법. 심영섭, 김준형, 이명신 공역 (2012). 학지사.

Wilber, K. (1977). 의식의 스펙트럼. 박정숙 역 (2006). 범양사.

Wilber, K. (2000). 통합심리학. 조옥경 역 (2008). 학지사.